Wilfried Krenn | Herbert Puchta

# Gute Idee! A1

**DEUTSCH FÜR JUGENDLICHE
ARBEITSBUCH PLUS INTERAKTIVE VERSION**

Deutsch als Fremdsprache

HUEBER VERLAG

**Beratung:**
Cristina Ortega Lupiáñez, Granada, Spanien
Robert Poljan, Bjelovar, Kroatien

Der Verlag weist ausdrücklich darauf hin, dass im Text enthaltene externe Links vom Verlag nur bis zum Zeitpunkt der Buchveröffentlichung eingesehen werden konnten. Auf spätere Veränderungen hat der Verlag keinerlei Einfluss. Eine Haftung des Verlags ist daher ausgeschlossen.

Das Werk und seine Teile sind urheberrechtlich geschützt. Jede Verwertung in anderen als den gesetzlich zugelassenen Fällen bedarf deshalb der vorherigen schriftlichen Einwilligung des Verlags.

Eingetragene Warenzeichen oder Marken sind Eigentum des jeweiligen Zeichen- bzw. Markeninhabers, auch dann, wenn diese nicht gekennzeichnet sind. Es ist jedoch zu beachten, dass weder das Vorhandensein noch das Fehlen derartiger Kennzeichnungen die Rechtslage hinsichtlich dieser gewerblichen Schutzrechte berührt.

| 3. 2. 1. | Die letzten Ziffern |
|---|---|
| 2028 27 26 25 24 | bezeichnen Zahl und Jahr des Druckes. |

Alle Drucke dieser Auflage können, da unverändert, nebeneinander benutzt werden.
1. Auflage
© 2024 Hueber Verlag GmbH & Co. KG, München, Deutschland
Diese internationale Ausgabe ist genehmigt in Ungarn: Gutachter: Bertalan, László; Dr. Várady, Ferenc
Gute Idee! A1 Arbeitsbuch: Registrierungsnummer TKV/208-1/2024, HV-521-240205
Umschlaggestaltung: Sieveking Agentur, München
Layout und Satz: Sieveking Agentur, München
Verlagsredaktion: Veronika Kirschstein, Lektorat und Projektmanagement, Gondelsheim;
Gisela Wahl, Beate Dorner, Hueber Verlag, München
Druck und Bindung: Passavia Druckservice GmbH & Co. KG, Passau
Printed in Germany
ISBN 978-3-19-951823-5

# WEGWEISER

## GUTE IDEE! A1
hat sechs Module. Jedes Modul hat zwei Lektionen und einen zweiseitigen Test.

**LEKTION** | Jede Lektion enthält ...

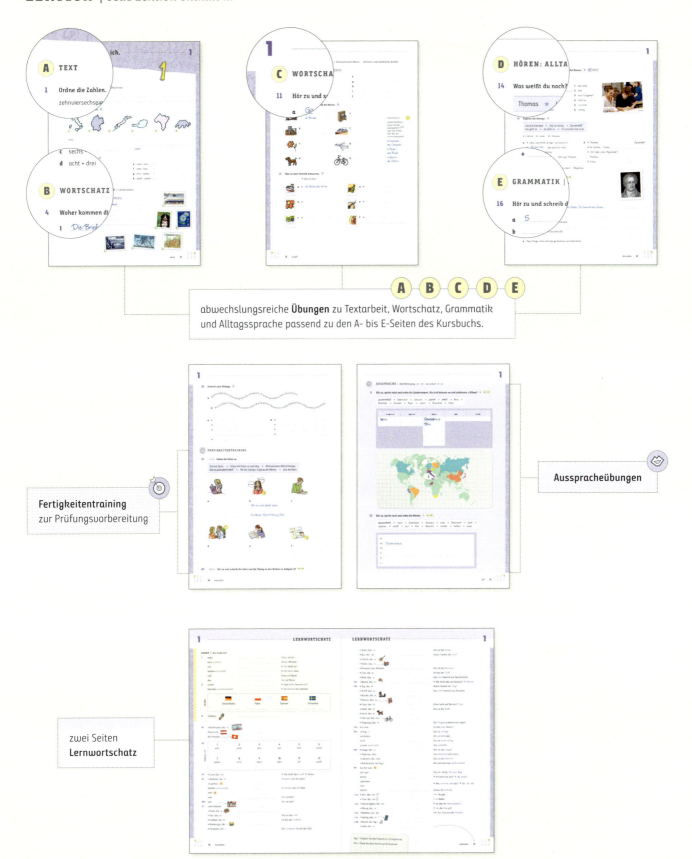

abwechslungsreiche **Übungen** zu Textarbeit, Wortschatz, Grammatik und Alltagssprache passend zu den A- bis E-Seiten des Kursbuchs.

Fertigkeitentraining zur Prüfungsvorbereitung

Ausspracheübungen

zwei Seiten Lernwortschatz

drei 3

# WEGWEISER

**TEST** | Nach 2 Lektionen gibt es einen Test zu Grammatik, Wortschatz und Alltagssprache.

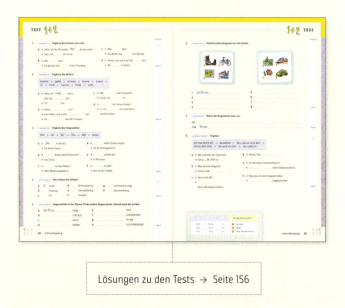

Lösungen zu den Tests → Seite 156

## SYMBOLE

| | |
|---|---|
| C1 | Nach dieser Kursbuch-Aufgabe kannst du die Übung lösen. |
| 🔊 3 | Hörtext zur Übung |
| 🔍 KB S. 14 | Beim Lösen dieser Aufgabe hilft dir der Text auf der angegebenen Kursbuchseite weiter. |
| 👄 | Übungen zur Aussprache |
| ⓞ | Prüfungsaufgaben zum Lesen, Hören und Schreiben |

GRAMMATIK 💡
Tipps zum Lernen
von **Grammatik**

WORTSCHATZ 💡
Tipps zum Lernen
von **Wortschatz**

LESEN IN DER PRÜFUNG 💡
**Strategien** zum Hören, Lesen
und Schreiben **für die Prüfung**

## GUTE IDEE!
Unterrichten und Lernen –
wie und wo man will:

» Hörtexte und interaktive Übungen lassen sich direkt aufrufen und im integrierten Player abspielen – ganz einfach ohne Download oder weitere Abspielgeräte.

» Die Aufgaben im Buch stehen interaktiv mit Lösungsanzeige zur Verfügung und lassen sich direkt starten.

» Werkzeuge wie Marker, Kommentar, Lupe und Vollbildmodus sind integriert und helfen beim Lernen in der Klasse und zu Hause.

» Mit unserer *Hueber interaktiv App* kann man die interaktive Version auch offline nutzen und auf eine Vielzahl der Materialien des Lehrwerks per Smartphone zugreifen.

 *Der Startcode für die interaktive Version steht auf der vorderen Umschlagseite.*

# INHALT

**START** Wie heißt du? ............................................................................................................................ 8

**1 | Ja, klar! Das weiß ich.** ................................................................................................................ 9
AUSSPRACHE | Wortbetonung · *ei, eu, au* · *ä, ö, ü* ........................................................................ 11
FERTIGKEITENTRAINING | Hören · Lesen ........................................................................................ 14
LERNWORTSCHATZ ............................................................................................................................ 16

**2 | Kennst du Mafalda?** ................................................................................................................ 18
AUSSPRACHE | Frage und Aussagesatz: Satzmelodie ...................................................................... 24
FERTIGKEITENTRAINING | Hören · Lesen ........................................................................................ 25
LERNWORTSCHATZ ............................................................................................................................ 26

**1 + 2 | TEST** _____ 28

**3 | Was machst du heute?** .......................................................................................................... 30
AUSSPRACHE | Zusammengesetzte Nomen: Betonung .................................................................... 33
FERTIGKEITENTRAINING | Lesen · Hören ........................................................................................ 36
LERNWORTSCHATZ ............................................................................................................................ 38

**4 | Wie mein Vater, wie meine Mutter …** ................................................................................ 40
AUSSPRACHE | *a – ä, o – ö, u – ü* .................................................................................................. 45
FERTIGKEITENTRAINING | Hören · Schreiben .................................................................................. 47
LERNWORTSCHATZ ............................................................................................................................ 48

**3 + 4 | TEST** _____ 50

**5 | Wie schmeckt das?** ................................................................................................................ 52
AUSSPRACHE | *ei – ie* · langes und kurzes *i* .............................................................................. 55
FERTIGKEITENTRAINING | Hören · Schreiben .................................................................................. 58
LERNWORTSCHATZ ............................................................................................................................ 60

**6 | Warum lernen …?** .................................................................................................................. 62
AUSSPRACHE | Sätze: Satzmelodie, Betonung im Satz .................................................................... 69
FERTIGKEITENTRAINING | Lesen · Hören ........................................................................................ 70
LERNWORTSCHATZ ............................................................................................................................ 72

**5 + 6 | TEST** _____ 74

# INHALT

## 7 | Brauchen Sie Hilfe? — 77
AUSSPRACHE | s – sch — 81
FERTIGKEITENTRAINING | Lesen · Hören · Schreiben — 86
LERNWORTSCHATZ — 88

## 8 | Was siehst du gerne? — 90
AUSSPRACHE | lange und kurze Vokale — 97
FERTIGKEITENTRAINING | Lesen · Hören · Schreiben — 98
LERNWORTSCHATZ — 100

## 7 + 8 | TEST — 102

## 9 | Wo ist das nur? — 104
AUSSPRACHE | e betont und nicht betont — 111
FERTIGKEITENTRAINING | Lesen · Hören — 112
LERNWORTSCHATZ — 114

## 10 | Glaubst du das? — 116
AUSSPRACHE | Verbindung von Wörtern — 119
FERTIGKEITENTRAINING | Lesen · Hören · Schreiben — 124
LERNWORTSCHATZ — 126

## 9 + 10 | TEST — 128

## 11 | Wer hat das gemacht? — 130
AUSSPRACHE | Perfekt-Sätze: Satzmelodie, Betonung im Satz — 138
FERTIGKEITENTRAINING | Lesen · Hören · Schreiben — 138
LERNWORTSCHATZ — 140

## 12 | Das ist seltsam … — 142
AUSSPRACHE | r — 149
FERTIGKEITENTRAINING | Sprechen · Schreiben — 149
LERNWORTSCHATZ — 152

## 11 + 12 | TEST — 154

Lösungen Tests — 156

# START — Wie heißt du?

**1** Was weißt du noch? Wer ist wer? Ordne zu und vergleiche. `S. 9, 1`

Karol ★ Julia ★ María ★ Sven

1 _____  2 _____  3 _____  4 _____

**2** Lies und ergänze. `S. 9, 2`

du ★ heiße ★ das ★ ~~ich~~ ★ Sven ★ bin

○ Hallo, _ich_ bin _____. Wie heißt _____?
□ Ich _____ Julia, und _____ ist María.
◆ Hallo, ich _____ Karol.

**3** Ordne zu. `S. 9, 3`

a Woher kommst du, Karol?  
b Woher kommst du, Sven?  
c Und woher kommt ihr, Julia und María?

1 Ich komme aus Polen.  
2 Wir kommen aus Spanien.  
3 Ich komme aus Schweden.

**4** Mach zwei Dialoge. `S. 9, 5`

a ○ du – heißt – Wie  
◆ Frida, – Ich – heiße – du – und  
○ heiße – Ich – Mateusz  
◆ du – Woher – kommst  
○ aus – komme – Ich – und – du – Polen,  
◆ aus – Ich – Schweden – komme

○ _Wie_ _____?  
◆ _____?  
○ _____.  
◆ _____?  
○ _____?  
◆ _____.

b ○ du – bin – ich – Hallo, – Wie – Lukas – heißt  
◆ Ich – Lucía – bin – Álvaro – Und – ist – das  
○ ihr – Woher – kommt  
◆ Spanien, – Wir – kommen – du – aus – und  
○ komme – Ich – Deutschland – aus

○ _____.  
_____?  
◆ _____.  
_____.  
○ _____?  
◆ _____?  
○ _____.

8  acht

# Ja, klar! Das weiß ich.

## A TEXT

**1** Ordne die Zahlen. `A2`

zehnviersechseinsdreielffünfzweisiebenzwölfachtneun

1 eins, 2 zwei, 3

**2** Wie heißt das Land? Notiere. `A3`

 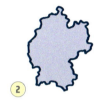   

eins

sechs

**3** Wie heißt die Zahl? Notiere. `A3`

- a  zwei + zwei   =   vier
- b  fünf + sieben =
- c  sechs - vier  =
- d  acht + drei   =
- e  neun - zwei   =
- f  zehn - fünf   =
- g  eins + sieben =
- h  zwölf - sieben =

## B WORTSCHATZ UND GRAMMATIK | Ländernamen

**4** Woher kommen die Briefmarken? `B2` KB S. 10–11

1  Die Briefmarke kommt aus Deutschland.
2
3
4
5
6

neun  9

# 1

**5** Schreib drei Dialoge. Hör dann zu und vergleiche.

> Ich komme aus den USA. ★ Woher kommt ihr? ★ ~~Hallo, ich bin Saki.~~
> Woher kommst du, Michael? ★ Hallo, ich heiße Sabine, und das ist Lukas.
> Wir kommen aus der Schweiz. ★ Wir kommen aus Schweden, und ihr?

a ○ Hallo, ich bin Saki.
   ◆ ..........................................................

b ○ Woher ..................................................
   ◆ ..........................................................

c ○ Woher ..................................................
   ◆ ..........................................................
   ○ ..........................................................

**6** Woher kommen die Personen? Notiere.

1 Das ist ..................................................
  Er kommt aus ..........................................

2 ..........................................................

3 ..........................................................

4 ..........................................................

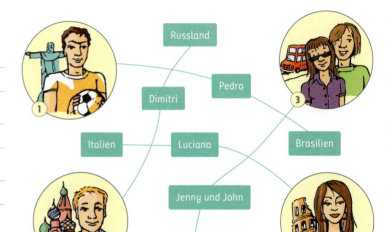

Russland • Pedro • Dimitri • Italien • Luciana • Brasilien • Jenny und John • England

**7** Was passt? Unterstreiche die richtige Form und ordne zu.

a Woher  kommt | <u>kommst</u> | kommen  du?
b Woher  kommt | kommen | kommst  ihr?
c Wie  heiße | heißt | heißen  du?
d Wer  ist | bin  das?

1 Ich  heiße | heißt | heißen  Juan.
2 Das  ist | bin  Sven.
3 Wir  kommen | kommt | komme  aus Deutschland.
4 Ich  komme | kommst | kommt  aus Österreich.

**8** Ergänze die Formen.

|  | kommen | heißen |
|---|---|---|
| ich |  |  |
| du | kommst |  |
| Jonas = er |  | heißt |
| Julia = sie |  |  |
| wir |  |  |
| ihr |  |  |
| Maria und Julia = sie |  |  |

10  zehn

# 1

**AUSSPRACHE** | Wortbetonung, *ei - eu - au* und *ä - ö - ü*

**9** Hör zu, sprich nach und ordne die Ländernamen. Wo sind betonte ▬ und unbetonte • Silben?  B2  1/02

~~Deutschland~~ ★ Österreich ★ Schweiz ★ ~~Italien~~ ★ ~~Polen~~ ★ Peru ★ Brasilien ★ Kanada ★ Niger ★ Japan ★ Russland ★ China

| •▬•• | ▬•• | ▬• | ▬ | •▬ |
|---|---|---|---|---|
| Italien | Deutschland | | | |
| | Polen | | | |

**10** Hör zu, sprich nach und ordne die Wörter.  B2  1/03

~~Deutschland~~ ★ neun ★ Australien ★ Schweiz ★ eins ★ Österreich ★ fünf ★ ergänze ★ zwölf ★ aus ★ drei ★ Deutsch ★ Länder ★ heißen ★ zwei

| ei | |
|---|---|
| eu | Deutschland |
| au | |
| ä | |
| ö | |
| ü | |

elf  11

# 1

## C WORTSCHATZ UND GRAMMATIK | Internationale Wörter · definiter und indefiniter Artikel

**11** Hör zu und schreib die Wörter.  C1  1/04  KB S. 14

a  Gitarre, die Gitarre
b
c
d
e
f
g
h
i
j

**12** Wie heißt das auf Deutsch? Schreib die Wörter.  C2

a  Brücke
   die Brücke
b
c
d
e
f
g
h

> **WORTSCHATZ**
>
> Schreib die Nomen immer mit dem Genuspunkt • oder dem Artikel (der, das, die) in dein Vokabelheft.
>
> • Computer – der Computer
> • Radio – das Radio
> • Gitarre – die Gitarre

**13** Was ist das? Schreib Antworten.  C3

○ Was ist das?

a ◆ Ich denke, das ist ein
b ◆
c ◆
d ◆
e ◆
f ◆

12  zwölf

# 1

## D  HÖREN: ALLTAGSSPRACHE

**14** Was weißt du noch? Ordne zu und ergänze die Namen.  D1  KB S. 15

Thomas ★ Jasmin ★ Lehrerin

a _Thomas:_ Tut mir ...          1 das nicht.
b _____ Ich verstehe ...   2 leid.
c _____ Das ist ...        3 man Tangente?
d _____ Wie schreibt ...   4 steht es.
e _____ Schau, da ...      5 ich nicht.
f _____ Das weiß ...       6 richtig.

**15** Ergänze die Dialoge.  D1

wie schreibt man ★ Das ist richtig. ★ ~~Tut mir leid.~~
das geht so ★ da steht es ★ ich verstehe das nicht

♦ = Lehrer   ○ = Julia   □ = Thomas

a ♦ Julia, was heißt „bridge" auf Deutsch?
  ○ _Tut mir leid,_ das weiß ich nicht.
  □ „Bridge" heißt „Brücke".
  ♦ _____ Sehr gut, Thomas.

b ○ Thomas, _____ Pyramide?
  □ Pe-Ypsilon ... Schau, _____ .
  ○ „Ein" oder „eine" Pyramide?
  □ Thomas, _____ .
  □ Schau, _____ .

## E  GRAMMATIK | Wie schreibt man das? · Negation

**16** Hör zu und schreib die Namen.  E1  🔊 1/05-08

a _S_          c _____
b _____      d _____

**17** Schreib die Sätze richtig.  E2

a Die Briefmarke kommt aus Japan.
  _Nein, die Briefmarke kommt nicht aus Japan. Sie kommt aus China._

b Christoph Waltz kommt aus den USA.
  _____

c Greta Thunberg kommt aus der Schweiz.
  _____

d Albert Einstein kommt aus den USA.
  _____

e Paul, Ringo, John und George kommen aus Australien.
  _____

dreizehn  13

**18** Schreib zwei Dialoge. E3

a  wasistdasdasisteinepyramideundwieschreibtmandasschaudastehtes

b  weristdasichdenkedasistelonmuskundwoherkommterichdenkeelonmuskkommtausdenusa

a ○ ..................................................
　◆ ..................................................
　○ ..................................................
　◆ ..................................................

b ○ ..................................................
　◆ ..................................................
　○ ..................................................
　◆ ..................................................

## FERTIGKEITENTRAINING

**19** LESEN  Ordne die Sätze zu.

> Schreib Sätze. ★ Schau die Fotos an und zeig. ★ Partnerarbeit: Macht Dialoge.
> ~~Hör zu und sprich nach.~~ ★ Hör die Dialoge. Ergänze die Wörter. ★ Lies die Notiz.

a  ............................. b  *Hör zu und sprich nach.*  c  .............................

.................................  *Kursbuch, Seite 11 Übung A2b.*  .................................

d  ............................. e  ............................. f  .............................

.................................  .................................  .................................

.................................  .................................  .................................

**20** HÖREN  Hör zu und schreib die Seite und die Übung zu den Bildern in Aufgabe 19.  1/09

14   vierzehn

**21** LESEN  Lies und ordne Fragen und Antworten zu.

LESEN IN DER PRÜFUNG
Lies alle Texte durch.
Was passt sicher zusammen?
Streich diese Texte weg.
Lies die anderen Texte noch einmal genau und ordne zu.

Anna

1. Die Golden-Gate-Brücke ist in (a) San Francisco, (b) Los Angeles. Was ist richtig? Ich weiß das nicht. — B

2. Julia und Ines, kommt ihr?

3. Er komm-t, ihr komm-t, wir komm-en??? Ich verstehe das nicht.

4. Was ist die Deutschaufgabe?

5. Wer ist Sven Johanson???

6. Wie schreibt man Hypothenuse? Ist das richtig?

Markus

A. Sven Johanson ist Englischlehrer. Er kommt aus Schweden.

B. (b) ist falsch.

C. Nein, das ist falsch – t nicht th.

Julia

D. Nein, wir kommen nicht.

E. Ich komm-e, du komm-st, er/sie komm-t, wir komm-en, ihr komm-t, sie komm-en. Ok?

F. Seite 12, Übung 3 und 4.

# 1 LERNWORTSCHATZ

**START | Wie heißt du?**

**1**
- hallo — Hallo, ich bin …
- sein → ich bin — Ich bin Michael.
- wie — ○ Wie heißt du?
- heißen → du heißt — ◆ Ich heiße Julia.
- und — Sven und Karol.
- das — Das ist Maria.

**3**
- woher — ○ Und woher kommst du?
- kommen → er/sie kommt — ◆ Ich komme aus Spanien.

**Länder:** Deutschland | Polen | Spanien | Schweden

**5** Tschüss!

**A1**
- Briefmarke, die, -n
- Österreich
- die Schweiz

**A2 Zahlen 1–12**

| 1 | 2 | 3 | 4 | 5 | 6 |
|---|---|---|---|---|---|
| eins | zwei | drei | vier | fünf | sechs |
| 7 | 8 | 9 | 10 | 11 | 12 |
| sieben | acht | neun | zehn | elf | zwölf |

**A3**
- Land, das, ¨er — ○ Wie heißt das Land? ◆ Italien.

**B1**
- Nummer, die, -n — Nummer vier ist Italien.
- Ja, genau.
- denken → ich denke — Ich denke, das ist Polen.
- nein
- was — Was ist das?

**B2a** wer — Wer ist das?

**C1** international
- Pizza, die, -s
- Taxi, das, -s — Das ist das Taxi.
- Fußball, der, ¨e — Ist das der Fußball?
- Hamburger, der, –
- Computer, der, – — Der Computer ist aus den USA.

16 sechzehn

# LERNWORTSCHATZ

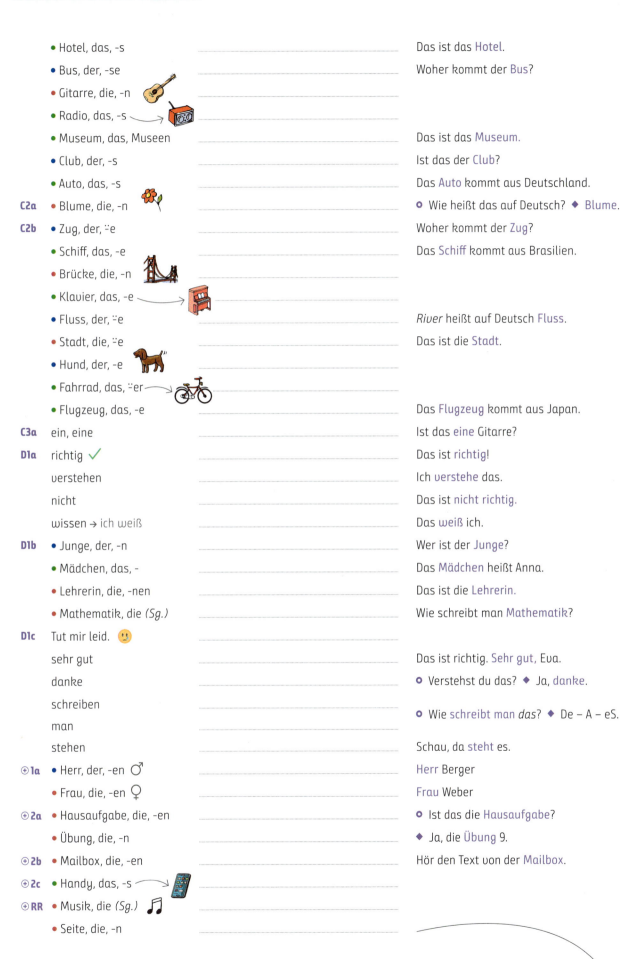

- Hotel, das, -s — Das ist das Hotel.
- Bus, der, -se — Woher kommt der Bus?
- Gitarre, die, -n
- Radio, das, -s
- Museum, das, Museen — Das ist das Museum.
- Club, der, -s — Ist das der Club?
- Auto, das, -s — Das Auto kommt aus Deutschland.

**C2a** • Blume, die, -n — ○ Wie heißt das auf Deutsch? ◆ Blume.
**C2b** • Zug, der, ¨e — Woher kommt der Zug?
- Schiff, das, -e — Das Schiff kommt aus Brasilien.
- Brücke, die, -n
- Klavier, das, -e
- Fluss, der, ¨e — *River* heißt auf Deutsch Fluss.
- Stadt, die, ¨e — Das ist die Stadt.
- Hund, der, -e
- Fahrrad, das, ¨er
- Flugzeug, das, -e — Das Flugzeug kommt aus Japan.

**C3a** ein, eine — Ist das eine Gitarre?
**D1a** richtig ✓ — Das ist richtig!
verstehen — Ich verstehe das.
nicht — Das ist nicht richtig.
wissen → ich weiß — Das weiß ich.

**D1b** • Junge, der, -n — Wer ist der Junge?
- Mädchen, das, - — Das Mädchen heißt Anna.
- Lehrerin, die, -nen — Das ist die Lehrerin.
- Mathematik, die *(Sg.)* — Wie schreibt man Mathematik?

**D1c** Tut mir leid. 
sehr gut — Das ist richtig. Sehr gut, Eva.
danke — ○ Verstehst du das? ◆ Ja, danke.
schreiben
man — ○ Wie schreibt man *das*? ◆ De – A – eS.
stehen — Schau, da steht es.

**⊕1a** • Herr, der, -en ♂ — Herr Berger
- Frau, die, -en ♀ — Frau Weber

**⊕2a** • Hausaufgabe, die, -en — ○ Ist das die Hausaufgabe?
- Übung, die, -en — ◆ Ja, die Übung 9.

**⊕2b** • Mailbox, die, -en — Hör den Text von der Mailbox.
**⊕2c** • Handy, das, -s
**⊕RR** • Musik, die *(Sg.)* 🎵
- Seite, die, -n

---

*(Sg.)* = Singular: Das Wort kommt nur im Singular vor.
*(Pl.)* = Plural: Das Wort kommt nur im Plural vor.

siebzehn **17**

# 2 Kennst du Mafalda?

## A TEXT

**1** Was weißt du noch? Ergänze und vergleiche. A1 KB S. 18

Hägar ★ Donald Duck ★ Mafalda ★ Manga ★ Nick Knatterton ★ Micky Maus

a _____ und _____ kommen aus den USA.

b Chris Browne zeichnet _____ .

c _____ kommt aus Argentinien.

d _____ ist Detektiv.

e _____ sind Comics aus Japan.

**2** Was passt? Ordne zu. A1 KB S. 18

a Superman kommt …          1 ist Detektiv.
b Nick Knatterton …          2 aus den USA.
c Manfred Schmidt zeichnet … 3 in Japan Manga.
d Comics heißen …            4 aus Argentinien.
e Quino kommt …              5 ist Hägar?
f Wie alt …                  6 Nick Knatterton.

## B WORTSCHATZ UND GRAMMATIK | Zahlen · das Verb *sein*

**3** Schreib die nächsten zwei Zahlen. B1

a zehn · dreißig · fünfzig · *siebzig* · _____ .

b vier · acht · sechzehn · _____ · _____ .

c einundvierzig · zweiundfünfzig · dreiundsechzig · _____ · _____ .

d vierundsiebzig · einundsiebzig · achtundsechzig · _____ · _____ .

e achtundzwanzig · dreiunddreißig · achtunddreißig · _____ · _____ .

18 achtzehn

**4** Hör zu. Wie heißt die Zahl? [B1] 🔊 1/10

a ○ dreizehn ○ dreißig
b ○ vierzig ○ vierzehn
c ○ siebzehn ○ siebzig
d ○ achtzehn ○ einundachtzig
e ○ achtundneunzig ○ neunundachtzig
f ○ fünfundsechzig ○ sechsundfünfzig
g ○ 94 ○ 49
h ○ 18 ○ 88
i ○ 12 ○ 20
j ○ 57 ○ 75

**5** Ergänze die Formen von *sein*. [B1]

| Peter | ich | Veronika | wir | du | Daniel und Anna | ihr | er | das Auto |
|---|---|---|---|---|---|---|---|---|
| ist | | | | | | | | |

**6** Ergänze die Formen von *sein* noch einmal. [B2]

a ○ Schau, da kommt Anita.
  ◆ Wer _ist_ Anita?

b ○ Was meinst du? Wie alt _____ wir?
  ◆ Ich denke, ihr _____ acht Jahre alt.
  ○ Falsch, wir _____ sechs!

c ○ Hallo, ich _____ Mark.
  ◆ Hallo, ich heiße Sandra und das _____ Klaus.

d ○ He, wer _____ denn das?
  ◆ Das _____ Lukas und Tom.

e ○ Du _____ Sandra, richtig?
  ◆ Nein, ich heiße Lena.

**7** Ergänze die Dialoge. [B2]

1 ○ Wie alt _____ ?
  ◆ Ich _____ 15.
  ○ Woher _____ ?
  ◆ Ich _____ Argentinien.

2 ○ Wie alt _____ ?
  ◆ Er _____ 76.
  ○ Wie _____ ?
  ◆ Er _____ Peter.

3 ○ Wer _____ ?
  ◆ Das _____ Lisa.
  ○ Wie alt _____ ?
  ◆ Sie _____ 5.

4 ○ Wie alt _____ ?
  ◆ Sie _____ 96.
  ○ Woher _____ ?

5 ○ Wie alt _____ ?
  ◆ Wir _____ 16.

# 2

## C  WORTSCHATZ UND GRAMMATIK | Gegenstände im Klassenzimmer · Adjektive, Possessivartikel

**8** Wie heißen die Wörter? C1

| ber ★ gum ★ schrei ★ Ku ★ gel ★ dier ★ Blei ★ ter ★ |
| stift ★ Lam ★ Ra ★ Fens ★ pe ★ Pa ★ mi ★ pier |

① Blei

**9** Ordne die Wörter aus Übung 8. C2

| ein | | eine |
|---|---|---|
| • der (→ er) | • das (→ es) | • die (→ sie) |
| | Fenster, ... | |

**10** Wie heißen die Adjektive? Finde das Gegenteil. C2

a lta:  alt  ↔ _____

b höscn: _____ ↔ _____

c eture: _____ ↔ _____

d elink: _____ ↔ _____

e laschf: _____ ↔ _____

---

**WORTSCHATZ**

Schreib Wörter in Gruppen in dein Vokabelheft.
Zum Beispiel *Gegensatzpaare*

alt – neu
groß – klein
...

oder nach Themen:

*Gegenstände*            *Aktivitäten*
*im Klassenzimmer*       *im Klassenzimmer*

das Buch                 lesen
der Bleistift            hören
...                      ...

20  zwanzig

**11** Schreib Sätze.

 a klein: Der Stuhl ist nicht klein. Er ist groß.

 b alt:

 c billig:

 d schön:

**12** Schreib die Wörter mit Possessivartikel: *mein/meine* oder *dein/deine*.

Computer (ich) ★ Gitarre (du) ★ Lampe (du) ★ Stuhl (du) ★
Briefmarke (ich) ★ Buch (ich) ★ Radiergummi (du) ★
Hund (ich) ★ Pizza (du) ★ Handy (du) ★ Heft (ich)

Mein Computer, deine Gitarre,

**13** Ergänze *mein/meine* oder *dein/deine*.

a ○ Wie ist ___deine___ (du) Handynummer, Philipp?
   ◆ _____ Handynummer? 0161 - 6 27 28 28.

b ○ Ich denke, das ist _____ (du) Buch, Jasmin.
   ◆ Nein, das ist nicht _____ Buch.

c ○ _____ (ich) Computer kommt aus Japan,
   _____ Computer auch?
   ◆ Nein, da steht „Germany".
   _____ Computer kommt aus Deutschland.

d ○ He, das ist _____ (ich) Kugelschreiber!
   ◆ Nein, das ist nicht _____ Kugelschreiber.
   _____ Kugelschreiber ist alt.
   Der Kugelschreiber ist neu.

e ○ Das ist _____ (ich) Fußball.
   ◆ Ja, ja, das ist _____ Fußball.

f ○ Carmen, _____ (du) Englischlehrerin
   heißt Miller, richtig?
   ◆ Nein, Ms. Miller ist nicht _____
   Englischlehrerin.

# 2

## D HÖREN: ALLTAGSSPRACHE

**14** Wer ist dein Star? Ergänze den Steckbrief. D1

### STECKBRIEF

Vorname:
Familienname:
Heimatland:
Wohnort:
Geburtsort:
Beruf:
Familienstand:

**15** Was weißt du noch? Wer sagt was? D2 KB S. 23

Claudia ★ Markus

a ............... : Das ist doch die Schauspielerin ... Warte, wie heißt sie?

b ............... : Diane Kruger? Wo?

c ............... : Die kommt doch aus Hollywood. Du kennst sie! „Troja".

d ............... : Das ist nicht Diane Kruger.

e ............... : Sie ist verheiratet mit ... Wie heißt er?

f ............... : Übrigens, Diane Kruger kommt aus Deutschland, nicht aus Hollywood.

**16** Ergänze den Dialog. D2

das ist doch ★ ~~denn nicht~~ ★ doch ★ Warte ★ Die kenne ich

Laura: Schau, Tim! Die Frau kenne ich **a** ............... .

Tim: Wo? Wer?

Laura: Das ist doch die Lehrerin. **b** ..............., wie heißt sie?

Tim: Eine Lehrerin? Wo?

Laura: Na da, **c** ............... Frau Müller, die Mathematiklehrerin.

Tim: **d** ............... . Das ist doch nicht Frau Müller, das ist Frau Schmidt, die Deutschlehrerin. Kennst du sie **e** _denn nicht_ ?

## E GRAMMATIK | W-Frage, Ja/Nein-Frage

**17** Ordne die Fragen und Antworten zu. E1

a Wo wohnt er?  
b Ist sie verheiratet?  
c Woher kommt sie?  
d Kennst du sie?  
e Wie ist der Vorname?  
f Sind sie Musiker?

1 Nein, sie ist ledig.  
2 In Frankreich.  
3 Aus Schweden.  
4 Nein, sie sind Sportler.  
5 Ja, das ist Billie Eilish.  
6 Anja.

**18** Schreib Fragen und Antworten.  
Hör zu, sprich nach und vergleiche. E1 1/11 KB S. 24

Schauspielerin ★ aus England ★ Brasilien ★ Argentinien ★ Mangazeichner ★ Schauspielerin

a Diane Ist Sängerin Kruger?
- ○ ..................................................................................................................... ?
- ◆ Nein, sie ist Schauspielerin.

b aus den USA Kommt Ed Sheeran?
- ○ ..................................................................................................................... ?
- ◆ Nein, …

c Juliette Binoche Ist Sportlerin?
- ○ ..................................................................................................................... ?
- ◆ Nein, …

d Ist Sportler Osamu Tezuka?
- ○ ..................................................................................................................... ?
- ◆ Nein, …

e Mafalda Kommt aus Frankreich?
- ○ ..................................................................................................................... ?
- ◆ Nein, …

f Kommt aus Spanien Neymar?
- ○ ..................................................................................................................... ?
- ◆ Nein, …

## 19 Ergänze die Fragen.

was ★ wie ★ woher ★ wer (2x) ★ wo

a  Ich kenne sie nicht. _____ ist sie?
b  _____ kommst du?
c  _____ ist der Vorname?
d  ○ _____ ist Montreal?
   ◆ Das ist in Kanada.
e  ○ _____ ist das Mädchen?
   ◆ Das ist Eva.
f  ○ _____ ist das?
   ◆ Ein Radiergummi.

## 20 Aussage oder Frage? Ergänze . oder ?. Wer ist die Person?

○ Die Person kommt aus Deutschland _____
◆ Ist er ein Sportler _____
○ Nein, er ist Musiker _____
◆ Wie ist der Vorname _____
○ Ludwig _____
◆ Ludwig Bach _____
○ Nein, Bach heißt doch nicht Ludwig _____
◆ Heißt er _____
○ Ja, genau _____

## AUSSPRACHE | Frage und Aussagesatz: Satzmelodie

### 21 Hör zu und sprich nach. Achte auf die Betonung und die Satzmelodie ↘ ↗. 1/12

○ Woher kommst du? ↘
◆ Aus Schweden. ↘ Und woher kommst du? ↗
○ Ich komme aus Frankreich. ↘ Kennst du Juliette Binoche? ↗
◆ Nein, Juliette Binoche kenne ich nicht. ↘ Wer ist das? ↘

### 22 Hör zu und markiere die Satzmelodie (↗ oder ↘) und die Betonung. Sprich nach. 1/13

○ Hallo, ich heiße Lea. ○ Wie heißt du? ○
◆ Ich heiße Mateusz. ○
○ Kommst du aus Polen? ○
◆ Ja, aus Krakau. ○
○ Wie alt bist du? ○
◆ Ich bin 16. ○

# FERTIGKEITENTRAINING

**23** HÖREN  Hör zu und ergänze das Anmeldeformular. 🔊 1/14

**24** LESEN  Lies die E-Mail von Boris und die Kursliste. Vergleiche und korrigiere.

An: Viktor
Betreff: Sprachkurs

Hallo Viktor,
heute eine E-Mail auf Deutsch: Der Sprachkurs hier ist sehr gut. Die Gruppe ist klein: Ben ist dreiundzwanzig Jahre alt und kommt aus England. Silvia und Giorgio kommen aus Italien. Sie sind fünfzehn. Axel kommt aus Norwegen, er ist sechsundzwanzig. Und dann ist da noch Svetlana aus Russland. Sie ist schon fünfundvierzig. Sie kommt aus Sankt Petersburg und ist Schauspielerin. Du kommst ja auch aus Sankt Petersburg. Kennst Du sie vielleicht? Übrigens, Axel zeichnet sehr gut. Die Deutschlehrerin heißt Frau Schmied. Und ich bin Boris. Aber das weißt du ja. 😉 Und ich komme aus Russland. Ich bin sechzehn.
Bis bald
Boris

**Kurs: A3 | Lehrerin: Schmied**

| Vorname | Heimatland | Alter |
|---|---|---|
| Ben | England | 32 |
| Silvia | ~~Deutschland~~ Italien | 15 |
| Giorgio | Italien | 16 |
| Axel | Norwegen | 26 |
| Svetlana | Polen | 50 |
| Boris | USA | 16 |

**LESEN IN DER PRÜFUNG**

Lies den Text.
Lies Anfang und Ende ganz genau:
· Wer schreibt den Text?
· Wer bekommt den Text?
· Wo sind die Personen?
· Was ist das Thema?
So verstehst du die Aufgabe besser.

fünfundzwanzig  **25**

# 2 LERNWORTSCHATZ

**A1a** kennen — Kennst du Mafalda?
meinen — Was meinst du?

**A1b** glauben — Ich glaube, Quino kommt aus Spanien.
sicher — Du kennst sicher Popeye.
auch — Garfield kommt aus den USA, und Hägar auch.
aber — Lucy kommt aus den USA, aber Astroboy nicht.
zeichnen
alt — Wie alt bist du?
wohl — Wie alt ist wohl Hägar?

**A2** falsch ✗ — Das ist falsch!
• Comic, der, -s — Comics heißen in Japan „Manga".
in — ⊙
Achtung — ⚠
schwierig — Manga lesen ist schwierig!

**B1a Zahlen 20–100**

| 20 zwanzig | 30 dreißig | 40 vierzig | 50 fünfzig | 60 sechzig |
|---|---|---|---|---|
| 70 siebzig | 80 achtzig | 90 neunzig | 100 hundert | |

**B1b Zahlen 13–19**

| 13 dreizehn | 14 vierzehn | 15 fünfzehn | 16 sechzehn |
|---|---|---|---|
| 17 siebzehn | 18 achtzehn | 19 neunzehn | |

**B1f** • Jahr, das, -e — Ich bin sechzehn Jahre alt.

**C1a Gegenstände im Klassenzimmer**

- • Kugelschreiber, der, -
- • Buch, das, ¨-er
- • Bleistift, der, -e
- • Stuhl, der, ¨-e
- • Tisch, der, -e
- • Fenster, das, -
- • Zeitung, die, -en
- • Lampe, die, -n
- • Papier, das, -e
- • Heft, das, -e
- • Radiergummi, der, -s

26 sechsundzwanzig

# LERNWORTSCHATZ

**C2a** schön — Die Lampe ist nicht schön, sie ist hässlich.

hässlich

groß — Der Tisch ist groß, nicht klein.

klein

neu — Das Handy ist neu, nicht alt.

teuer — Die Lampe ist teuer, nicht billig.

billig

**C3b** mein, meine — Mein Handy ist neu.

dein, deine — Deine Zeitung ist alt.

**D1** • Frage, die, -n — Ordne die Fragen zu.

• Vorname, der, -n — ○ Wie ist dein Vorname? ◆ Lisa.

verheiratet

Familienname, der, -n — ○ Wie ist dein Familienname? ◆ Berger.

machen — Was macht sie?

geboren — Wo ist sie geboren?

wohnen — Sie wohnt in Deutschland.

wo — Wo in Deutschland?

• Beruf, der, -e — Sie ist Lehrerin von Beruf.

• Schauspieler, der, - — Diane ist Schauspielerin.

• Schauspielerin, die, -nen

ledig — Sie ist nicht verheiratet, sie ist ledig.

**D2a** • Kaufhaus, das, ̈-er — Wir sind im Kaufhaus.

**D2b** warten — Warte, ... wie heißt sie?

**E1a** • Tabelle, die, -n

**E1b** • Person, die, -en — Wer sind die Personen?

• Mann, der, ̈-er

• Musiker, der, -

• Musikerin, die, -nen

• Sportler, der, -

• Sportlerin, die, -nen

**⊕1a** • Stadtbibliothek, die, -en

• Telefonnummer, die, -n — Wie ist deine Telefonnummer?

**⊕1b** • Formular, das, -e — Ergänze das Formular.

• Fehler, der, - — Das ist falsch, das ist ein Fehler.

**⊕RR** • Hilfe, die (Sg.)

---

## 1+2 | MODUL-PLUS

**LL1a** • Baby, das, -s — Das Wort Baby kommt aus England.

• Konzert, das, -e — ◆ Ich glaube, Konzert heißt ... ○ Das ist richtig.

• Post, die (Sg.) — Was ist „Post"?

• Party, die, -s — Das Wort Party ist englisch.

siebenundzwanzig 27

# TEST 1+2

**1** GRAMMATIK  Ergänze die Formen von *sein*.

a ○ Hallo, ich bin Christoph. _Bist_ du Veronika?
  ◆ Nein, ich _____ Christina.

b ○ Wer _____ das?
  ◆ Ich glaube, das _____ Greta Thunberg.

c ○ Was _____ das?
  ◆ Ich denke, das _____ eine Brücke.

d ○ Hanna, Jan und Lisa? Wo _____ ihr?
  ◆ Wir _____ in Italien.

von 7

**2** GRAMMATIK  Ergänze die Verben.

kommst ★ ~~heiße~~ ★ schreibt ★ kennst ★ kommt ★
ist ★ heißt ★ komme ★ heiße ★ steht

a ○ Hallo, ich _heiße_ Sven.
   Und wie _____ du?
  ◆ Ich _____ Lisa.

b ○ Woher _____ ihr?
  ◆ Aus Italien, und woher _____ du?
  ○ Ich _____ aus der Schweiz.

c ○ Wie _____ man *Tangente*?
  ◆ Schau, da _____ es.

d ○ _____ du Simona Halep?
  ◆ Ja, sie _____ eine Sportlerin aus Rumänien.

von 9

**3** GRAMMATIK  Ergänze die Fragewörter.

Was ★ Wo ★ Wer ★ Was ★ ~~Wie~~ ★ Woher

a ○ _Wie_ heißt du?
  ◆ Ich heiße Simon.

b ○ _____ kommt die Briefmarke?
  ◆ Aus China.

c ○ _____ ist Herr Müller?
  ◆ Mein Mathematiklehrer.

d ○ _____ macht Diane Kruger?
  ◆ Sie ist Schauspielerin.

e ○ _____ wohnst du?
  ◆ In München.

f ○ _____ ist das?
  ◆ Das ist ein Fußball.

von 5

**4** WORTSCHATZ  Wie heißen die Zahlen?

a _12_ zwölf
b _____ zwanzig
c _____ elf
d _____ fünfundvierzig
e _____ vierundfünfzig
f _____ hundert
g _____ sechsundneunzig
h _____ dreiundsiebzig

von 7

**5** WORTSCHATZ  Gegenstände in der Klasse. Finde sieben Gegenstände. Schreib auch die Artikel.

a _das Buch_ CHUB
b _____ STIFTBLEI
c _____ UHLST
d _____ PIERPA
e _____ FTHE
f _____ GUMDIERRAMI
g _____ PELAM
h _____ GELSCHREIKUBER

von 7

28 achtundzwanzig

# 1+2 TEST

PUNKTE

**6** WORTSCHATZ  Schreib sieben Bingowörter mit Artikel.

1  die Brücke
2  ..........
3  ..........
4  ..........
5  ..........
6  ..........
7  ..........
8  ..........

von 7

**7** WORTSCHATZ  Ordne die Bingowörter aus **6** zu.

ei**n**  ..........

ei**ne**  Brücke  ..........

von 7

**8** ALLTAGSSPRACHE  Ergänze.

> Die Frau kenne ich.  ★  da steht es  ★  Nein, das ist nicht dein  ★
> Das ist doch nicht  ★  das weiß ich nicht.  ★  Das weiß ich.

A

a  ○ Wie schreibt man Pyramide?
   ◆ Schau, da steht es .

b  ○ Was ist eine Tangente?
   ◆ Tut mir leid, ..........

c  ○ Was heißt DB?
   ◆ ..........
   Das heißt *Deutsche Bahn*.

d  ○ Schau, Tim! ..........

e  ○ Ist das deine Deutschlehrerin?
   ◆ .......... meine Deutschlehrerin.

f  ○ Hey, das ist mein Kugelschreiber.
   ◆ .......... Kugelschreiber.

von 5

| G | W | A | Wie gut bist du schon? |
|---|---|---|---|
| 17–21 | 22–28 | 5 | ☺ Sehr gut! |
| 12–16 | 16–21 | 3–4 | ☺ Okay! |
| 0–11 | 0–15 | 0–2 | ☹ Na ja. Das übe ich noch. |

neunundzwanzig  **29**

# 3 Was machst du heute?

## A TEXT

**1** Was weißt du noch? Ordne zu.   KB S. 30–31

Joon ★ Sarah und David ★ Sabrina ★ Jasmin ★ ~~Lu Deh~~ ★ Juan und seine Freunde

| | | | |
|---|---|---|---|
| a | _Lu Deh_ : | Sie ist … | für ihre Familie. |
| b | _____ : | Er spielt … | nach Muscheln. |
| c | _____ : | Sie sind blind, aber … | ein Hip-Hop-Star im Internet. |
| d | _____ : | Sie tauchen … | sehr gut Schach. |
| e | _____ : | Sie ist … | sie spielen Fußball. |
| f | _____ : | Sie sucht Dinge … | Tanzlehrerin. |

## B WORTSCHATZ | Wochentage, Aktivitäten

**2** Schreib die Wochentage. B1

gtonMa
nsDieatg
nnSagto
tMwitohc
gritaeF
notnarDesg
aSsmgta

**WORTSCHATZ**

So lernst du schwierige Wörter:
Mach kleine Zeichnungen. Schreib den ersten Buchstaben des Wortes unter die Zeichnung. Lies den Zettel möglichst oft.

Zum Beispiel:

30   dreißig

**3** Sieh die Zeichnungen an und schreib Sätze. B2

a  Stefanie spielt gern Tennis.
b  Manuel
c
d
e
f
g
h
i
j

**4** Ordne die Wörter zu. B3

langweilig ★ schrecklich ★ gut ★ ~~toll~~ ★ super ★ okay

toll,

**5** Was ist richtig? Unterstreiche das richtige Wort. B3

a  ○ Magst du Tennis?  ◆ Ja, Tennis finde ich  langweilig | toll .
b  Ich finde Fußball  super | schrecklich . Fußball ist so langweilig.
c  Die Hausaufgaben sind  okay | schrecklich , sie sind nicht schwierig.
d  Florian spielt gern Schach. Schach findet er  toll | okay .
e  ○ Hören wir Musik? Taylor Swift?  ◆ Ja, Taylor Swift finde ich auch  gut | langweilig .
f  ○ Ich lese gern Hägar.  ◆ Ich auch, Hägar finde ich  toll | schrecklich .

einunddreißig  31

**6** Schreib Sätze über Andreas und Sarah.

|   | | Andreas | Sarah |
|---|---|---|---|
| a | Musik hören | 🙂 | 😐 |
| b | Schwimmen | 🙂 | 🙂 |
| c | Faulenzen | 🙂 | 😐 |
| d | Hausaufgaben machen | ☹ | 😐 |
| e | Fußball | ☹ | 🙂 |
| f | Tennis | 🙂 | 🙂 |

a  *Musik hören findet Andreas super.*
b  *Sarah*
c
d
e
f

## C GRAMMATIK | Zusammengesetzte Nomen, Possessivartikel

**7** Bilde neue Wörter.

a  der Brief ──── die Übung         *die Briefmarke*
b  der Pop            die Figur
c  die Mathematik ── die Marke
d  der Comic          die Gruppe
e  die Familie        die Arbeit
f  die Heimat         das Land
g  das Telefon        der Name
h  der Partner        die Nummer

**8** Ergänze.

dein ★ deine ★ ihr ★ ihre ★ sein ★ ~~seine~~ ★ ~~mein~~ ★ meine ★
dein ★ deine ★ ihr ★ ihre ★ sein ★ seine ★ mein ★ meine

|  | Heimatland | Lieblingsstadt | Lieblingssport | Lieblingszahl |
|---|---|---|---|---|
| ich | *mein* | | | |
| du | | | | |
| er | | *seine* | | |
| sie | | | | |

## 9 Fasse zusammen und ergänze deine Lieblingsstadt, deinen Lieblingstag ... C2

|  | María | Cem | ich |
|---|---|---|---|
| Lieblingsstadt | Valencia | Istanbul |  |
| Lieblingstag | Freitag | Samstag |  |
| Lieblingssport | Volleyball | Fußball |  |
| Lieblingsschaupieler(in) | Emma Watson | Robert Pattinson |  |

María: _Ihre Lieblingsstadt ist_

Cem: _Seine_

ich: _Meine_

## 10 Mach Interviews. C2

a ○ Wer ist _deine_ Lieblingssängerin?
  ◆ ............................................

c ○ Was ist .................... Lieblingssport?
  ◆ ............................................

b ○ Was ist .................... Lieblingstanz?
  ◆ ............................................

d ○ Was ist .................... Lieblingszahl?
  ◆ ............................................

## AUSSPRACHE | Zusammengesetzte Nomen: Betonung

### 11 Hör die Wörter und markiere die Betonung. Sprich die Wörter nach. 1/15

die Familie und der Name
→ der Familienname

das Telefon und die Nummer
→ die Telefonnummer

die Heimat und das Land
→ das Heimatland

der Brief und die Marke
→ die Briefmarke

der Partner und die Arbeit
→ die Partnerarbeit

die Mathematik und die Hausaufgabe
→ die Mathematikhausaufgabe

der Comic und die Figur
→ die Comicfigur

die Geburt und der Ort
→ der Geburtsort

dreiunddreißig  33

## D  HÖREN: ALLTAGSSPRACHE

**12** Was weißt du noch? Ordne zu und vergleiche.

a  Lara …
b  Im Fernsehen …
c  Lara hat …
d  Der Mathetest …
e  Im Kino kommt …
f  Silvia und Maria …
g  Maria …

1  kommt *Stars von morgen*.
2  findet Techno schrecklich.
3  ein Robert-Pattinson-Film.
4  mag *Stars von morgen*.
5  ist am Donnerstag.
6  finden Tennis gut.
7  am Mittwoch Volleyballtraining.

**13** Ergänze die Dialoge.

> Alles klar  ★  Magst du  ★  Ja klar  ★  Ach, schade

Lina:   Hallo Anna. **a** _____ *Stars von morgen*?
Anna:   Die Show? **b** _____, *Stars von morgen* ist toll.
Lina:   Am Dienstag sind neue *Stars von morgen* im Fernsehen.
Anna:   **c** _____, am Dienstag habe ich keine Zeit.

Maria:  Ist heute der Mathematiktest?
Peter:  Der Test ist am Dienstag. Ist heute Dienstag?
Maria:  Nein, heute ist Montag.
Peter:  **d** _____, morgen ist Dienstag. Morgen ist der Test.

> wann denn  ★  ist schlecht  ★  geht  ★  Gut

Jakob:  Tom, spielen wir Schach?
Tom:    Ja klar, **e** _____?
Jakob:  Am Mittwoch.
Tom:    Mittwoch **f** _____, aber Donnerstag **g** _____.
Jakob:  **h** _____, Donnerstag.

34  vierunddreißig

## E GRAMMATIK | mögen, haben, um – am

**14** Ergänze. E2

~~habt~~ ★ mag ★ hat ★ hast ★ habe ★ mögt ★ mögen ★ haben

a ○ Wann __habt__ ihr das Fußballspiel?
◆ Am Donnerstag.

b ○ Hören wir Musik? *Techno*?
◆ Nein, bitte nicht. *Techno* _____ ich nicht.

c ○ Kommt Tom heute?
◆ Nein, er _____ Klavierstunde.

d ○ Kommt ihr heute?
◆ Nein, wir _____ Schwimmtraining.

e ○ _____ du heute Zeit?
◆ Nein, heute _____ ich Tanzkurs.

f ○ _____ ihr Rockmusik?
◆ Nein, wir _____ nur Hip-Hop.

**15** Wann ist was? Antworte auf die Fragen. E2

a Ist der Deutschtest am Donnerstag?
__Nein, der Deutschtest ist am Mittwoch um 11 Uhr.__

b Wann beginnt der Tauchkurs?

c Kommt die neue Serie am Samstag?

d Ist am Montag Fußballtraining?

e Wann beginnt das Rockkonzert?

f Ist der Tanzkurs am Montag?

g Wann ist das Basketballspiel?

**MO** 16:00 Fußballtraining
**DI**
18:00 Tanzkurs
**MI** 11:00 Deutschtest
**DO**
19:00 Basketballspiel
**FR**
20:00 neue Serie
**SA**
21:00 Rockkonzert
**SO**
14:00 Tauchkurs

# 3

**FERTIGKEITENTRAINING**

**16** LESEN  Lies Christians Terminkalender.

| Montag | Dienstag | Mittwoch | Donnerstag | Freitag | Samstag | Sonntag |
|---|---|---|---|---|---|---|
| Biologietest 11:00 | | | | Schwimmen 10:00 | | Lernen (Französisch) |
| | Fußball 17:00 | | | | Kino 16:00 | |
| Deutsch-hausaufgaben 19:00 | | Klavier 18:00 | Anna? 17:00 | | Fußball Deutschland – Frankreich (Fernsehen) | |

**17** Lies die Aussagen und vergleiche mit dem Terminkalender in Übung **16**. Richtig oder falsch? Korrigiere die falschen Sätze.

|   |   | richtig | falsch |
|---|---|---|---|
| a | Der Biologietest ist am Montag um 11 Uhr. | ○ | ○ |
| b | Am Dienstag spielt Christian Fußball. | ○ | ○ |
| c | Am Samstag lernt Christian Französisch. | ○ | ○ |
| d | Am Samstag hat Christian Schwimmen. | ○ | ○ |
| e | Das Fußballspiel ist um 18 Uhr. | ○ | ○ |
| f | Am Dienstag macht Christian Deutschhausaufgaben. | ○ | ○ |
| g | Am Mittwoch spielt Christian Gitarre. | ○ | ○ |
| h | Am Samstag kommt Fußball im Kino. | ○ | ○ |

# 3

**18** HÖREN  Anna hat viele Termine. Du hörst drei Nachrichten am Telefon. Lies die Aufgaben. Kreuze a, b oder c an. Du hörst jede Nachricht zweimal. 🔊 1/16

**Nachricht 1**

**0** Wer ist am Telefon?

- (a) Felix
- (✗) Daniel
- (c) Anna

> **HÖREN IN DER PRÜFUNG**
> Lies zuerst die Fragen ganz genau, dann lies die drei Antworten.
> Höre erst zweimal, kreuze dann an.

**1** Wer spielt Gitarre?

- (a) Felix
- (b) Daniel
- (c) Anna

**Nachricht 2**

**2** Wann hat Christian Zeit?

- (a) Am Donnerstag.
- (b) Am Samstag.
- (c) Am Sonntag.

**3** Das Kino ist um

- (a) siebzehn Uhr.
- (b) achtzehn Uhr.
- (c) neunzehn Uhr.

**Nachricht 3**

**4** Am Freitag ist

- (a) ein Volleyballspiel.
- (b) ein Mathematiktest.
- (c) ein Volleyballtraining.

**5** Mia ist in Mathematik

- (a) gut.
- (b) o.k.
- (c) nicht gut.

siebenunddreißig

# LERNWORTSCHATZ

**A1**  heute — Kommt Erik heute?

• Tag, der, -e — Guten Tag!

**A1a**  tanzen — Maria tanzt sehr gut.

spielen — Spielen wir Fußball?

tauchen

• Schach, das *(Sg.)*

• Ding, das, -e — Wie heißt das Ding da? ◆ VR-Brille.

suchen — Wo ist Anna? ◆ Ich suche sie auch.

um ... Uhr — Jan kommt um zehn Uhr.

üben — Elias übt Klavier.

**A1b**  • Wochentag, der, -e — Sieben Wochentage sind eine Woche.

**Wochentage**

| • Montag, der, -e | • Dienstag, der, -e | • Mittwoch, der, -e | • Donnerstag, der, -e |
|---|---|---|---|
| • Freitag, der, -e | • Samstag, der, -e | • Sonntag, der, -e | |

• Tanz, der, ⸚e — Die Tanzlehrerin zeigt neue Tänze.

• Schüler, der, - — Was machen die Schülerinnen und Schüler?
• Schülerin, die, -nen — ◆ Sie schreiben Texte.

gewinnen — Felix gewinnt das Tennisturnier.

• Freund, der, -e — Wie heißt dein Freund? ◆ Aaron.
• Freundin, die, -nen

sehen — Sehen wir einen Film?

hören — Wir hören Musik.

nur — Wir machen nur eine Übung.

leben — Wo lebt David?

auf — ◆ Auf den Salomon-Inseln.

• Geld, das *(Sg.)* — Das Geld in Europa heißt Euro.

schon — Ben ist schon da.

• Familie, die, -n — Meine Familie ist groß, wir sind sechs.

**B1c**  morgen — Heute ist Samstag, und morgen ist Sonntag.

**B2a**

**Aktivitäten**

| Musik hören | faulenzen | Tennis spielen | Nachrichten schreiben | telefonieren |
|---|---|---|---|---|
| Hausaufgaben machen | Gitarre spielen | Klavier spielen | schwimmen | reiten |

**B2b**  gern — Ich spiele gern Tennis.

38  achtunddreißig

# LERNWORTSCHATZ 3

| | | | | | | |
|---|---|---|---|---|---|---|
| **B3** | finden | | | | Sandra **findet** Fußball langweilig. | |

**B3a** Das finde ich …: langweilig · schrecklich · gut · super · toll · okay

**B4**
- Fuß, der, ¨-e
- Müll, der (Sg.)
- Woche, die, -n

Eine **Woche**, das sind sieben Tage.

**C1a** • Lieblingstag, der, -e

Freitag ist mein **Lieblingstag**.

**C1b** sein, seine

ihr, ihre

**C2b**
- Lied, das, -er
- Film, der, -e
- Buchstabe, der, -n

Was ist dein Lieblings**lied**?

*Matrix* ist ein **Film**, kein Buch.

A, B, C, … sind **Buchstaben**.

**C2c** • Klasse, die, -n

In der **Klasse** 10A sind 25 Schülerinnen und Schüler.

**D1a**
- Gitarrenstunde, die, -n
- Tanzkurs, der, -e
- Volleyballtraining, das (Sg.)

wann

- Fernsehen, das (Sg.)

Meine **Gitarrenstunde** ist um 17 Uhr.

Der **Tanzkurs** ist am Freitag.

○ Wann ist das **Volleyballtraining**?

**Wann** ist das Fußballspiel?

Im **Fernsehen** kommt ein Spielfilm.

**D1b** • Test, der, -s

Wann ist der Mathe**test**?

**D2a** • Kino, das, -s

bestimmt

gehen

schlecht

Zeit haben

mögen → ich m**a**g

schade

dann

Wo ist hier ein **Kino**?

Der Tanzkurs ist **bestimmt** toll.

○ **Geht** Donnerstag? ◆ Ja, klar.

Tut mir leid, Freitag ist **schlecht**.

○ Hast du morgen **Zeit**? ◆ Nein.

**Magst** du Klaviermusik?

○ Heute ist kein Training. ◆ Ach, **schade**.

Wir lesen und **dann** schreiben wir.

**E1c** überhaupt

Schach mag ich **überhaupt** nicht.

**E1d** beide

Wir **beide** mögen Tennis.

**E2a** haben

Ich **habe** um 16:00 Uhr Klavierstunde.

**E2b**
- Party, die, -s
- Fußballspiel, das, -e

Morgen ist Finns **Party**.

Das **Fußballspiel** ist heute.

⊕1
- Basketball, der, ¨-e

trainieren

- Mensch, der, -en

normal

dort

Ich mag **Basketball**.

Wir **trainieren** im Sportzentrum.

Viele **Menschen** finden Fußball super.

Emma findet Mädchenboxen ganz **normal**.

Mike kommt aus den USA. **Dort** spielt er Baseball.

⊕2b interessant

wieder

Hanna schreibt am Freitag **wieder**.

⊕RR fantastisch

neununddreißig 39

# 4 Wie mein Vater, wie meine Mutter …

## A TEXT

**1** Was weißt du noch? Ordne zu und vergleiche. A2 KB S. 39

a Wolfgang Amadeus und Maria Anna (= „Nannerl") Mozart …  1 sind Vater und Tochter.
b Ferdinand und Ferry Porsche …  2 sind Mutter und Tochter.
c Sigmund und Anna Freud …  3 sind Vater und Sohn.
d Ingrid Bergman und Isabella Rossellini …  4 sind Vater und Sohn.
e Friedrich und Wilhelm Conrad Röntgen …  5 sind Bruder und Schwester.

**2** Ergänze die Sätze und vergleiche. A2 KB S. 39

> Ferry Porsche ★ Sigmund Freud ★ ~~Wolfgang Amadeus Mozart~~ ★ Nannerl ★
> Humphrey Bogart ★ Anna Freud ★ Ingrid Bergman ★ Conrad Röntgen

a 1772: _Wolfgang Amadeus Mozart_ und _____
spielen in Wien ein Konzert für die Kaiserin von Österreich.
b 1946: _____ baut in Deutschland Sportwagen.
c 1952: _____ ist Kinderpsychologin in England.
d 1943: _____ und _____
sind die Stars im Hollywood-Film „Casablanca".
e 1905: _____ ist Arzt und Psychologe.
f 1898: _____ ist Physiker von Beruf und entdeckt die Röntgenstrahlen.

## B WORTSCHATZ | Jahreszahlen, Berufe, Familie

**3** Ordne die Bilder auf der Zeitleiste. B1

A  B  C  D  E  F

1000 v. Chr. | C 0 | 1900 | 2000

**4** Was passt? Schreib die Jahreszahlen und ordne die Bilder aus **3** zu. B1

B 1965 _neunzehnhundertfünfundsechzig_   ○ 1969 _____
○ 1804 _____   ○ 46 v. Chr. _____
○ 1492 _____   ○ 2018 _____

40 vierzig

**5** Hör zu und vergleiche mit Übung 4. B1 🔊 1/17

**6** „Und der Oscar geht an …" Hör zu und notiere die Zahl der Oscars und die Jahreszahlen. B1 🔊 1/18

|   | | Oscars | Jahr | | | | Oscars | Jahr |
|---|---|---|---|---|---|---|---|---|
| a | Ben Hur | 11 | 1959 | | e | Amadeus | | |
| b | Titanic | | | | f | Schindlers Liste | | |
| c | Herr der Ringe | | | | g | Casablanca | | |
| d | West Side Story | | | | h | Rain Man | | |

**7** Finde die Berufe. Schreib auch die weibliche Form. B3

1 ........................................................
2 ........................................................
3 *Studentin*
4 ........................................................
5 ........................................................
6 ........................................................
7 ........................................................
8 ........................................................

**8** Ergänze die Possessivartikel. B3

a Marcel ist Arzt von Beruf. *Sein* Vater ist auch Arzt, aber ................ Mutter ist Hausfrau.

b Frau Kuhn ist Technikerin von Beruf. ................ Tochter Erika ist Architektin.

c Herr Berger ist Lehrer von Beruf. ................ Mutter ist auch Lehrerin, aber ................ Vater ist Physiker.

d Frau Müller ist Journalistin von Beruf. ................ Tochter ist Studentin.

e Herr und Frau Schmied sind Techniker von Beruf. ................ Sohn ist Arzt.

f Meine Tante und mein Onkel sind Architekten. ................ Tochter ist Künstlerin.

einundvierzig 41

## 9 Schau den Familienstammbaum an und ergänze die Sätze. B3

**a** Manuel: „Meine _Schwester_ heißt _____. Sie ist fünf Jahre alt. Meine _____ heißen Erika und Manfred. Mein _____ heißt Georg und meine _____ heißt Helga."

**b** Manfred: „Meine _____ heißt Waltraud und meine Frau heißt Erika. Wir haben zwei Kinder. Mein _____ Manuel ist 14 Jahre alt. Meine _____ Katharina ist fünf."

**c** Martina: „Mein _____ heißt Manuel und meine _____ heißt Katharina. Mein _____ heißt Jakob. Mein _____ heißt Manfred und meine _____ heißt Erika. Meine _____ heißen Georg und Helga."

Familienstammbaum:
- Georg ⚭ Helga
- Wilhelm ⚭ Waltraud ; Manfred ⚭ Erika
- Kinder von Wilhelm/Waltraud: Jakob, Martina
- Kinder von Manfred/Erika: Katharina, Manuel

## C GRAMMATIK | Genitiv, Plural

### 10 Schau den Familienstammbaum in Übung 9 noch einmal an und ergänze die Sätze. C1

**a** _Waltrauds_ Vater heißt Georg.
**b** Waltraud ist _____ Tante.
**c** Jakob ist _____ Cousin.
**d** _____ Eltern sind _____ Großeltern.
**e** Wilhelm ist _____ und _____ Vater.
**f** Waltraud ist _____ Schwester.
**g** Jakob ist _____ Bruder.
**h** Manuel und Katharina sind _____ und _____ Kinder.

### 11 Beschreibe die Familientraditionen. C1

**a** Schriftsteller – Thomas Mann – Heinrich Mann (Bruder)
_Thomas Mann ist Heinrich Manns Bruder. Er ist Schriftsteller wie sein Bruder Heinrich._

**b** Politiker – Ursula von der Leyen – Ernst Albrecht von der Leyen (Vater)
_Ursula von der Leyen ist Ernst Albrechts Tochter. Sie ist Politikerin wie ihr Vater._

**c** Fußballerin – Ada Hegerberg – Andrine Hegerberg (Schwester)

**d** Musikerin – Billie Eilish – Finneas O'Connell (Bruder)

**e** Formel-1-Rennfahrer – Nico Rosberg – Keke Rosberg (Vater)

**f** Schauspieler – Miguel Ferrer – George Clooney (Cousin)

## 4

**12** Lies den Text. Unterstreiche die richtigen Formen.

Meine Familie ist sehr groß. Mein Vater hat drei **a** Bruder | **Brüder** und meine Mutter hat eine **b** Schwester | Schwestern und zwei **c** Brüder | Bruder . Das heißt, ich habe fünf Onkel und eine **d** Tante | Tanten . Drei Onkel **e** sind | ist verheiratet, das heißt, ich habe noch drei **f** Tante | Tanten . Und natürlich habe ich viele **g** Cousins | Cousin und **h** Cousinen | Cousine . Meine zwei **i** Großväter | Großvater **j** leben | lebt auch in Frankfurt, aber ich habe nur noch eine **k** Großmutter | Großmütter . Natürlich habe ich auch Geschwister: Mein **l** Bruder | Brüder Florian **m** ist | sind 12 Jahre alt und meine zwei **n** Schwestern | Schwester **o** ist | sind 16 und 18 Jahre alt.

**13** Trag die Singular- und Pluralformen aus Übung **12** ein.

| Singular | Plural | Singular | Plural |
|---|---|---|---|
| Bruder ist | sind | | |

**14** Schau genau. Finde und ordne die Plural- und Singularformen. Schreib in dein Heft.

~~Architekt~~ ★ Psychologen ★ Kauffrauen ★ Hausmann ★ Künstler ★ Arzt ★ Journalist ★ Hausfrau ★ Anwälte ★ Lehrerinnen ★ Studenten ★ Ärzte ★ Ingenieur ★ Hausmänner ★ Kauffrau ★ Student ★ Ingenieure ★ Künstlerin ★ Künstlerinnen ★ Psychologe ★ ~~Architekten~~ ★ Journalisten ★ Lehrerin ★ Anwalt ★ Künstler ★ Hausfrauen

| Singular | Plural |
|---|---|
| Architekt | Architekten |

**WORTSCHATZ**

Schreib die Nomen immer mit dem Pluralsignal in dein Vokabelheft.
der Sohn, ⸚e
der Student, -en

**15** Trag die Wörter aus Übung **12** und **14** in die Tabelle ein.

| -(e)n | -e/ ⸚e | -er/ ⸚er | – / ⸚ | -s |
|---|---|---|---|---|
| | | | der Bruder – die Brüder | |

## 16 Geschwister: Unterstreiche die richtigen Formen und ergänze die Dialoge. C4

**a** Mario: Leon, wie alt sind meine | <u>deine</u> Schwestern?

Leon: Seine | <u>Meine</u> Schwestern sind _____ und _____ Jahre alt.

Meine | <u>Ihre</u> Schwester Laura ist _____ Jahre und Lena ist _____.

**b** Paula: Lena, wie alt sind ihre | <u>deine</u> Brüder?

Lena: Seine | <u>Meine</u> Brüder sind _____ und _____ Jahre alt.

<u>Mein</u> | Sein Bruder Leon ist _____ und Lukas ist _____.

**c** Mario: Wie alt sind Lenas Brüder?

Paula: Meine | <u>Ihre</u> Brüder sind _____ und _____ Jahre alt.

**d** Paula: Wie alt sind Leons Schwestern?

Mario: <u>Seine</u> | Ihre Schwestern sind 16 und 19 Jahre alt.

*Lukas (14), Laura (16), Leon (17) und Lena (19) sind Geschwister*

## 17 Lies die Tabelle und ergänze die Sätze. C4

|  | Geschwister |
|---|---|
| Adrian | Patrick (Hamburg), Tobias (Hannover) |
| Nicole | Alexander (Fußball), Philipp (Fußball), Basketball ☹ |
| Sabrina und Manuel | Stefanie (Studentin, München) |
| Sonja | Hannah (18), Teresa (12), Manuel (6) |
| Ninas Mutter | Julia (Lehrerin), Anna (Lehrerin) |

**a** Adrian hat zwei Brüder. <u>Seine</u> Brüder heißen _____ und _____. _____ Bruder Patrick wohnt _____, _____ Bruder _____ in _____.

**b** Nicole spielt Basketball. _____ Brüder finden _____. Sie spielen _____.

**c** Sabrina und Manuel wohnen in Berlin. _____ Schwester wohnt _____ und ist _____ von Beruf.

**d** Sonja hat drei Geschwister. _____ Schwestern sind _____ und _____ Jahre alt, _____ Bruder ist _____.

**e** Ninas Mutter ist Kauffrau von Beruf. _____ Schwestern sind _____

## D  HÖREN: ALLTAGSSPRACHE

**18** Was weißt du noch? Kreuze an: Richtig oder falsch?

|   | | richtig | falsch |
|---|---|---|---|
| a | Nina zeigt Sophie ihre Familienfotos. | ○ | ○ |
| b | Sophies Bruder ist 24 Jahre alt. | ○ | ○ |
| c | Sophies Mutter ist 34 Jahre alt. | ○ | ○ |
| d | Sophies Vater kommt aus Rumänien. | ○ | ○ |
| e | Sophies Hund heißt Bello. | ○ | ○ |

**19** Was passt? Ordne zu und ergänze dann den Dialog.

| | |
|---|---|
| Wie … | ist das |
| Wer … | ganz sicher. |
| Na … | alt ist denn |
| Wieder … | gut, |
| Wie … | geht's? |
| Ich bin … | falsch |

Nina: Hallo, Jasmin. **a** _Wie geht's?_
Jasmin: Danke gut. Schau, das ist meine Familie.
 **b** _____?
 Rate doch mal.
Nina: Ich denke, das ist dein Onkel.
Jasmin: Mein Onkel? Nein, das ist mein Bruder.
Nina: **c** _____ dein Bruder?
Jasmin: Er ist 24.
Nina: **d** _____, ich rate noch einmal.
 **e** _____, das ist deine Tante.
Jasmin: **f** _____. Das ist meine Mutter.

## AUSSPRACHE | a – ä, o – ö, u – ü

**20** Was hörst du? Hör zu und kreuze an. 🔊 1/19

| a | ○ Bruder | ○ Brüder | d | ○ Mutter | ○ Mütter | g | ○ Schule | ○ Schüler |
| b | ○ Tochter | ○ Töchter | e | ○ Zahlen | ○ zählen | h | ○ Sohn | ○ Söhne |
| c | ○ Vater | ○ Väter | f | ○ Arzt | ○ Ärzte | i | ○ Tanz | ○ Tänze |

**21** Ergänze u, o, a oder ü, ö, ä.

| **A** u oder ü | | **B** o oder ö | | **C** a oder ä | |
|---|---|---|---|---|---|
| f___nf | B___ch | h___ren | W___rt | h___sslich | t___nzen |
| St___hl | B___cher | ___ma | W___rter | M___dchen | Sekret___rin |
| St___hle | tsch___s | zw___lf | W___hn___rt | J___hr | nw___ltin |
| f___nfzig | h___ndert | F___t___s | M___ntag | Z___hlen | nw___lt |
| | ___b___ng | sch___n | m___gen | St___r | |

**22** Hör zu, vergleiche und sprich nach. 🔊 1/20

## E GRAMMATIK | Negativartikel *kein, keine*; Negation *nicht*

**23** Was fehlt? Schreib Sätze.

a Stuhl – Tisch – Fenster
   *Da sind ein Stuhl und ein Fenster, aber da ist kein Tisch.*

b Lampe – Bleistift – Heft
   _____

c Bus – Flugzeug – Fahrrad
   _____

d Blume – Fisch – Brücke
   _____

**24** *Kein* oder *nicht*? Schreib negative oder positive Sätze.

a Fahrrad – billig
   *Das Fahrrad ist nicht billig,*
   *es ist teuer.*

c er – Sänger
   _____

b sie – aus Deutschland
   _____

d sie – acht Jahre alt
   _____

**25** Finde die 6 Fehler und korrigiere. Schreib dann die Texte richtig.

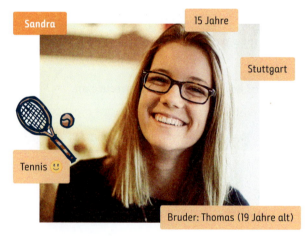

Martin kommt aus Österreich. Er ist 17 Jahre alt.
Seine Schwester heißt Lena und ist Lehrerin.
Martin findet Fußball toll.

*Martin ist nicht*

_____

*Seine Schwester*

_____

*Er findet*

Sandra kommt aus der Schweiz. Sie ist 15 Jahre alt.
Ihr Bruder heißt Lukas und ist 19 Jahre alt.
Sandra findet Tennis langweilig.

*Sandra kommt*

_____

_____

_____

## FERTIGKEITENTRAINING

**26** HÖREN  Hör zu. Richtig oder falsch? Korrigiere die falschen Sätze. 🔊 1/21

|   | | richtig | falsch |
|---|---|---|---|
| a | Sandra hat eine Schwester. | ○ | ✗ |
|   | *Sandra hat keine Schwester, sie hat* | | |
| b | Max ist 14 Jahre alt. | ○ | ○ |
| c | Sandra hört gern Musik. | ○ | ○ |
| d | Sandras Lieblingssänger ist Ed Sheeran. | ○ | ○ |
| e | Sandra spielt gern Fußball. | ○ | ○ |
| f | Sandra und Lea spielen Tennis. | ○ | ○ |

> **HÖREN IN DER PRÜFUNG**
>
> Schau vor dem Hören das Bild gut an und lies die Höraufgabe ganz genau durch. So verstehst du den Hörtext besser.
> Zum Beispiel:
> 1. Sieh zuerst das Foto an. Was ist die Situation?
> 2. Lies dann die Sätze.
> 3. Rate. Wer ist Sandra? Wer ist Robert? Wer ist Lea?
> 4. Hör jetzt den Dialog.

**27** Löse Fabians Familienrätsel. Zwei Wörter passen nicht.

> ~~Mutter~~ ★ Onkel ★ Bruder ★ Tante ★ Vater ★ Schwester ★ Cousin

a  Mein _____ Andreas lebt in Hamburg. Er ist Kaufmann.

   Er ist Herberts Bruder. Seine Lieblingstiere sind Katzen. Er hat 24 Katzen!

b  Meine *Mutter* ist Sekretärin von Beruf. Sie ist 37 Jahre alt

   und heißt Susanne. Ich bin ihr Sohn.

c  Mein _____ ist 10 Jahre alt. Er heißt Florian.

   Sein Lieblingssport ist Eishockey. Johanna ist seine Mutter.

d  Mein _____ ist vierzig Jahre alt. Er ist Ingenieur und

   heißt Herbert. Er mag Fußball. Susanne ist seine Frau.

e  Meine _____ lebt auch in Hamburg. Sie ist Künstlerin.

   Sie ist 40 Jahre alt, aber sie mag Billie Eilish! Sie heißt Johanna und ist Andreas' Frau.

**28** SCHREIBEN  Schreib ein Familienrätsel. Ergänze den Text und ergänze die [?] mit Wörtern aus dem Kasten.

> Bruder ★ Schwester ★ Vater ★ Onkel ★ Mutter ★ Tante ★ Cousin

Mein [?] _____ heißt _____. Er ist _____ Jahre alt.

Er ist _____ Bruder.

Meine [?] _____ ist _____ von Beruf. Sie ist _____ Mutter.

Meine [?] _____ lebt in _____. Sie heißt _____

und mag _____. _____ ist ihr Onkel. ...

siebenundvierzig  47

# LERNWORTSCHATZ

**A1 Familie 1**

- Vater, der, ⸚
- Mutter, die, ⸚
- Tochter, die, ⸚
- Sohn, der, ⸚e
- Schwester, die, -n
- Bruder, der, ⸚

**A2a**

von

- Arzt, der, ⸚e
- Ärztin, die, -nen
- Physiker, der, -
- Physikerin, die, -nen
- Ingenieur, der, -e
- Ingenieurin, die, -nen
- Psychologe, der, -n
- Psychologin, die, -nen
- Kaufmann, der, ⸚er
- Kauffrau, die, -en

○ Was bist du von Beruf? ◆ Sportlerin.

Wilhelm Röntgen ist Physiker von Beruf.

Anna Freud ist Psychologin, Kinderpsychologin.

**A2b**

bauen

entdecken

Porsche baut Sportwagen.

Wilhelm Röntgen entdeckt die Röntgenstrahlen.

**B1a**

- Jahreszahl, die, -en

tausend

vor/nach Christus

○ Wie heißt die Jahreszahl? ◆ 2018.

Das macht genau 1000 Euro.

Kaiser Augustus:  * 63 vor Christus
                  † 14 nach Christus

**B2 Berufe**

- Architekt, der, -en
- Architektin, die, -nen
- Student, der, -en
- Studentin, die, -nen
- Hausmann, der, ⸚er
- Hausfrau, die, -en

- Techniker, der, -
- Technikerin, die, -nen
- Künstler, der, -
- Künstlerin, die, -nen

**B3a Familie 2**

- Großeltern, die (Pl.)
- Eltern, die (Pl.)
- Großvater, der, ⸚
- Großmutter, die, ⸚
- Vater, der, ⸚
- Mutter, die, ⸚
- Tante, die, -n
- Onkel, der, -
- ich
- Cousin, der, -s
- Cousine, die, -n

# LERNWORTSCHATZ

**4**

| | | |
|---|---|---|
| B3c | • Angestellte, der, -n | Was ist dein Vater von Beruf? |
| | • Angestellte, die, -n | ◆ Mein Vater ist Postangestellter. |
| B4a | geben → es gibt | In meiner Familie gibt es viele Ärzte. |
| B4b | • Anwalt, ¨e | Meine Tante ist Anwältin von Beruf. |
| | • Anwältin, die, -nen | |
| | • Journalist, der, -en | Was ist deine Schwester von Beruf? |
| | • Journalistin, die, -nen | ◆ Journalistin. |
| C2 | geschieden | Was bedeutet das Wort? |
| | bedeuten | |
| | sondern | Mein Vater ist nicht Arzt, sondern Ingenieur. |
| | • Kind, das, -er | Mein Onkel und meine Tante haben zwei Kinder. |
| C3 | • Geschwister, die (Pl.) | Hast du Geschwister? |
| | | ◆ Ja, einen Bruder und eine Schwester. |
| D1 | • Familienfoto, das, -s | Zeig bitte dein Familienfoto. |
| | • Katze, die, -n | |
| E1a | kein, keine | Das ist keine Katze, das ist ein Hund. |
| E1b | • Kalender, der, - | Mein Kalender ist auf dem Handy. |
| | • Motorrad, das, ¨er | Valentinas Motorrad ist ganz neu. |
| ⊕1 | • Zirkus, der, -e | Der Zirkus ist in der Stadt! |
| | • Löwe, der, -n | |
| | heiraten | Meine Schwester heiratet am Samstag. |
| | • Direktor, der, -en | Jana Lacey-Krone ist Direktorin im Circus Krone. |
| | • Direktorin, die, -nen | |
| | arbeiten | Mein Onkel lebt in Dresden und arbeitet in Berlin. |
| ⊕2 | süß | Deine Katze ist süß! |
| ⊕RR | nett | Karlas Eltern sind sehr nett. |
| | • Jäger, der, - | |
| | • Jägerin, die, -nen | |

## 3 + 4 | MODUL-PLUS

| | | |
|---|---|---|
| LL 1a | wichtig | Die Familie ist für viele Menschen wichtig. |
| | • Single, der, -s | Meine Tante lebt allein. Sie ist Single. |
| | deutschsprachig | Deutschland, Österreich und die Schweiz sind deutschsprachige Länder. |
| | • Prozent, das, -e | Jakob hat im Test 90 Prozent richtig. |
| | • Hafen, der, ¨ | Hamburg hat einen Hafen. |
| | • Tourist, der, -en | Im Winter kommen viele Touristen in die Alpen. |
| | • Touristin, die, -nen | |
| | wohnen | Wohnst du in Wien? ◆ Nein, in Leipzig. |
| P | • Zeitschrift, die, -en | |
| | • Band, die, -s | Wanda ist meine Lieblingsband. |
| | • Instrument, das, -e | Spielst du ein Instrument? |

neunundvierzig  49

# TEST 3+4

**1** GRAMMATIK  Ergänze die Formen von *haben* und *mögen*.

habt ★ magst ★ ~~hast~~ ★ habe ★ haben ★ mögen ★ mag ★ mögt

**a** ○ _Hast_ du am Montag Zeit?
◆ Nein, am Montag _____ ich Training.

**b** ○ _____ du Billie Eilish?
◆ Nein, Billie Eilish _____ ich nicht.

**c** ○ Jan und Anja, am Samstag ist eine Party. _____ ihr Zeit?
◆ Ja, toll, wir _____ Zeit.

**d** ○ _____ ihr Fußball? Ich finde Fußball toll.
◆ Nein, aber wir _____ Tennis.

von 7

**2** GRAMMATIK  Ergänze die Possessivartikel.

seine ★ meine ★ ihr ★ ihr ★ ~~deine~~ ★ seine

**a** ○ Maria, wie ist _deine_ Telefonnummer?
◆ _____ Telefonnummer ist 63 98 23.

**b** ○ Ist das Jasmins Hund?
◆ Ja, das ist _____ Hund.

**c** Amelies Schwester ist fünf Jahre alt, _____ Name ist Michelle.

**d** Jakob lebt jetzt in Wien, aber _____ Schwester wohnt in München.

**e** Antonios Vater kommt aus Italien, aber _____ Mutter ist Deutsche.

von 5

**3** GRAMMATIK  Ergänze *nicht* oder *kein/keine*.

**a** ○ Ich glaube, das ist Annas Onkel.
◆ Nein, das ist _nicht_ Annas Onkel.

**b** ○ Das ist Erik aus Deutschland.
◆ Nein, Erik kommt _____ aus Deutschland, er kommt aus Schweden.

**c** ○ Ist das Toms Katze?
◆ Nein, Tom hat _____ Katze.

**d** ○ Ist das ein Hotel?
◆ Nein, das ist _____ Hotel, das ist ein Museum.

**e** ○ Hat Ben eine Schwester?
◆ Nein, er hat _____ Schwester.

**f** ○ Ist das Beethoven?
◆ Nein, das ist _____ Beethoven, das ist Goethe.

von 5

**4** WORTSCHATZ  Wie heißt das Gegenteil? Ordne zu.

schlecht ★ klein ★ alt ★ teuer ★ langweilig

**a** interessant ↔ _____
**b** gut ↔ _____
**c** neu ↔ _____
**d** billig ↔ _____
**e** groß ↔ _____

von 5

# 3+4 TEST

PUNKTE

**5** WORTSCHATZ  Wortgruppen. Schreib vier Listen.

> ~~tausend~~ ★ ~~Schauspieler~~ ★ ~~Papier~~ ★ ~~Großmutter~~ ★ Tante ★
> fünfzig ★ Vater ★ Fenster ★ Sängerin ★ Bleistift ★
> fünfzehn ★ neun ★ Ingenieur ★ Ärztin ★ Cousin ★ Buch

| Familie | Gegenstände in der Klasse | Zahlen | Berufe |
|---|---|---|---|
| Großmutter | Papier | tausend | Schauspieler |
| | | | |
| | | | |

von 12

**6** WORTSCHATZ  Ergänze die Tabelle. Finde in **5** ein Beispiel für jede Pluralgruppe.

| -(e)n | -e/¨e | -er/¨er | -/¨ | -s |
|---|---|---|---|---|
| | | | Großmütter | |

von 4

**7** WORTSCHATZ  Ergänze die Tabelle. Finde in **5** drei Beispiele für jeden Artikel.

| ein | der | | | |
|---|---|---|---|---|
| | das | Papier | | |
| eine | die | | | |

von 8

**8** ALLTAGSSPRACHE  Ergänze.

> Wie geht's? ★ ~~Schade~~ ★ Wieder falsch. ★ Rate doch mal! ★ Ja klar ★ Mittwoch geht.

**a** ○ Dienstag habe ich keine Zeit.
   ◆ Schade, vielleicht Freitag?

**b** ○ Spielen wir Fußball?
   ◆ _____, gerne.

**c** ○ Wer ist das auf dem Foto?
   ◆ _____

**d** ○ Kommst du am Mittwoch?
   ◆ Ja, _____.

**e** ○ Hallo Moritz. _____
   ◆ Nicht so gut.

**f** ○ Ich glaube, das ist dein Vater.
   ◆ _____ Das ist mein Bruder.

von 5

| G | W | A | Wie gut bist du schon? |
|---|---|---|---|
| 13–17 | 22–29 | 5 | 😊 Sehr gut! |
| 9–12 | 15–21 | 3–4 | 🙂 Okay! |
| 0–8 | 0–14 | 0–2 | 😐 Na ja. Das übe ich noch. |

einundfünfzig  51

# 5 Wie schmeckt das?

## A TEXT

**1** Was weißt du noch? Ordne zu und vergleiche.

a Verena ist in Japan in einem Restaurant.
b Pierre kommt aus Frankreich.
c Michael lebt in Australien.
d Gai mag Heuschrecken.
e Diego isst Kakteen.

1 Er mag Schnecken.
2 Sie isst Seegurken.
3 Er kommt aus Mexiko.
4 Dort isst man oft Kängurufleisch.
5 Sie kommt aus Thailand.

## B WORTSCHATZ | Essen und Trinken

**2** Schreib die Wörter.

der Spinat

**3** Was kaufen die Personen? Hör zu und schreib. B1 1/22

Situation 1: ........................................................................................................................

Situation 2: ........................................................................................................................

Situation 3: ........................................................................................................................

## C GRAMMATIK | Verben mit Vokalwechsel

**4** Ergänze die richtigen Formen. C2

|  | essen | nehmen | sprechen |
|---|---|---|---|
| ich |  |  |  |
| du | isst |  |  |
| er, es, sie, man |  |  |  |
| wir |  |  |  |
| ihr |  | nehmt |  |
| sie |  |  | sprechen |

**WORTSCHATZ**

Schreib Verben mit Vokalwechsel immer so in dein Vokabelheft:
*essen (er/sie isst)*
*sprechen (er/sie spricht)*

**5** Was passt? Ergänze die Sätze. C2

du ★ ich ★ Ina und Eva ★ ~~Maria~~ ★ man ★ ihr ★ sie

**a** ○ *Maria* spricht Englisch und Französisch.
   ◆ Spricht ................ auch Deutsch?

**b** ○ Was trinkst du?
   ◆ ................ nehme einen Orangensaft.

**c** ○ Sprecht ................ Griechisch?
   ◆ Nein, leider nicht.

**d** ○ ................ essen gern Fisch.
   ◆ Gut, dann koche ich Fisch.

**e** ○ Isst ................ gern Spinat?
   ◆ Ja, Spinat mag ich.

**f** ○ In Australien isst ................ Kängurufleisch.
   ◆ Ja, warum nicht?

dreiundfünfzig

**6** Ordne die Speisen und Länder zu und schreib Sätze.

a England
b Spanien
c Frankreich
d Italien
e Polen
f Griechenland
g Österreich

1 Crêpe
2 Lasagne
3 Wiener Schnitzel
4 Bigosch
5 Tapas
6 Fish and Chips
7 Moussaka

*In Polen isst man Bigosch. Man spricht*

Bigosch

**7** Hör zu. Wo sind die Personen? Was essen sie? Ergänze die Sätze. 1/23

Situation 1: *Lena ist in* _____ *Sie* _____
Situation 2: *Michael und Hanna* _____
Situation 3: *Daniel* _____
Situation 4: *Patrick und Sophie* _____

**8** Ergänze die Dialoge mit Formen von *nehmen* und den Wörtern aus dem Kasten.

Hähnchen ★ Pizza ★ ~~Moussaka~~ ★ Hamburger ★ Milch

a ○ Ich nehme das Moussaka, du auch?
  ◆ Ja, warum nicht?
  ○ Wir *nehmen* zweimal *Moussaka*, bitte.

b ○ Was _____ ihr? Fisch oder Pizza?
  ◆ Fisch mögen wir nicht. Wir _____ .

c ○ Was _____ du? Orangensaft oder Milch?
  ◆ Der Orangensaft ist so teuer, ich _____ .

d ○ Schau, Herr und Frau Huber _____ das Hähnchen.
  ◆ Ja, das _____ ich auch. Einmal _____ , bitte!

e ○ Was _____ Stefanie, Pizza oder Hamburger?
  ◆ Sie mag keine Pizza. Sie _____ sicher _____ .

54   vierundfünfzig

# 5

## AUSSPRACHE | ei – ie, langes und kurzes i

**9** Was passt: *ei* oder *ie*? Ergänze die Wörter.

a  Gr*ie*chenland
b  Span…… n
c  Frankr…… ch
d  verh…… ratet
e  dr…… ßig
f  …… stee
g  R…… s
h  Famil……
i  s…… ben
j  …… er
k  D…… nstag
l  langw…… lig
m  Sp…… sekarte
n  Fl…… sch
o  l…… be Grüße

**10** Sind deine Wörter richtig? Hör zu und sprich nach. 🔊 1/24

**11** Langes *i* oder kurzes *i*? Hör zu und markiere. 🔊 1/25

a  Cous<u>i</u>ne
b  Was n<u>i</u>mmst du?
c  Klav<u>i</u>er
d  Pap<u>i</u>er
e  Arab<u>i</u>sch
f  gesch<u>ie</u>den
g  <u>i</u>hr
h  Ble<u>i</u>stift
i  v<u>i</u>el
j  Er isst F<u>i</u>sch.
k  <u>i</u>hre
l  schw<u>ie</u>rig
m  Liebl<u>i</u>ngsspeise
n  sp<u>ie</u>len
o  Schausp<u>ie</u>ler
p  Spr<u>i</u>chst du Deutsch?

## D HÖREN: ALLTAGSSPRACHE

**12** Was weißt du noch? Wer sagt was? Ordne zu. D2 🔍 KB S. 55

K  Kioskbesitzer  ★  J  Jakob  ★  A  Anna

……… : Was möchtest du?

……… : Was ist da los? Wir warten.

……… : Ach was, ich nehme nur eine Cola.

……… : Eine Cola, das macht 1 € 50.

……… : Einen Hamburger, bitte. Oder … hmmm … ich weiß nicht,
    vielleicht nehme ich doch das Käsebrötchen da.

fünfundfünfzig  55

**13** Was passt? Ordne zu und ergänze dann die Dialoge. D2

Vielleicht
Gern, ... — weiter!
Das ... — macht
Was ist ... — doch nicht.
Mach ... — einen Moment.
Das gibt's ... — da los?

**a** ○ Einen Orangensaft, bitte.
  ◆ ............................................................
  ............................................................

**b** ○ Was nimmst du?
  ◆ Hmmmm ... ich weiß nicht. _Vielleicht_ nehme ich einen Salat.

**c** ○ Möchtest du ein Eis oder einen Kuchen?
  ◆ Hmmm ... ich weiß nicht.
  ▫ ............................................................
  .................................................... Wir warten.

**d** ○ Okay, ich nehme den Salat.
  ◆ .................................................... 2 € 30.

**e** ○ Schau, mein Salat. Da ist eine Schnecke!
  ◆ ............................................................

## E GRAMMATIK | *möchten*, Akkusativ

**14** Ergänze. E1

möchten ★ möchtest ★ möchte ★ möchten

| ich | |
| du | |
| er, es, sie, man | _möchte_ |

| wir | |
| ihr | _möchtet_ |
| sie | |

**15** Ergänze mit Formen von *möchten* und ordne zu. Welche Zeichnung passt? E1

**a** ○
  ○ Was möchtest du?
  ◆ Ich _m_............ einen Hamburger.

**b** ○
  ○ Was _m_............ deine Freunde?
  ◆ Sie _m_............ zwei Käsebrötchen.

**c** ○
  ○ Was _m_............ ihr?
  ◆ Wir _m_............ Pommes frites.

**16** Was nehmen die Personen? *Einen, ein* oder *eine* ...?

| Salat ★ Mineralwasser ★ Kaffee ★ Eistee ★ Kuchen ★ Pizza |

Erik nimmt                    Fritzi                    Frau Huber

**17** Was müssen die Personen aus Übung **16** bezahlen? Ergänze die Dialoge.

Erik: *Ich bezahle den Eistee und* .
Kioskbesitzer: *Das macht* .
Fritzi: .
Kioskbesitzer: .
Frau Huber: .
Kioskbesitzer: .

Eistee 1,50 €
Mineralwasser 1,20 €
Kaffee 1,20 €
Salat 2,40 €
Fisch 4,40 €
Pizza 5,40 €
Kuchen 1,00 €

**18** *Den, das, die* – Speisen und Getränke. Wer bezahlt was?

**den**
○ Ich bezahle den Tee, den Eistee, den _____

◆ Das macht 9 € 10.

**das**
○ Ich bezahle das _____

◆ Das macht 6 € 80.

**die**
○ Ich bezahle die _____

◆ Das macht 10 € 50.

Tee 1,20 €
Milch 0,70 €
Eistee 1,50 €
Kakao 0,80 €
Kaffee 1,50 €
Toast 0,50 €
Wurst 1,20 €
Joghurt 0,60 €
Pizza 5,40 €
Hamburger 3,00 €
Eis 2,00 €
Schokolade 1,20 €
Käsebrötchen 2,20 €
Brötchen 0,50 €
Ei 0,60 €
Müsli 1,50 €
Suppe 2,00 €

siebenundfünfzig

**19** Wer isst oder trinkt was nicht? Schreib Sätze mit *sein-* und *ihr-*.

A – Sabrina isst ihren Fisch nicht.
D – Sophie
B – Fabian
E – Max und Tom
C – Manuel
F – Herr Berger

**20** Aktivitäten im Deutschunterricht. Schreib die Verben mit Akkusativ.

a akrimreen (Plural) — den Plural markieren
b elsen (Satz) — einen Satz
c röhen (Dialog)
d shecibern (Test)
e buhistarcbeen (Namen)
f rägenzne (Satz)
g eeigzn (Fehler)
h resteeuhn (Film)
i üebn (Dialog)
j iechnzen (Tisch)
k fgaern (Lehrer)
l ömegn (Text)
m camhne (Fehler)

> **GRAMMATIK**
> Den Akkusativ erkennst du nur im Singular maskulin. Da haben alle Artikelwörter ein *-en* (*den*, *einen*, *meinen* …). Sonst haben Nominativ und Akkusativ immer dieselben Artikelwörter.

## FERTIGKEITENTRAINING

**21** HÖREN  Hör den Dialog, Teil 1. Was kaufen Vater und Sohn? Kreuze an. 1/26

☐ Orangensaft  ☐ Spinat
☐ 2 l Milch    ☐ Wurst
☐ Käse         ☐ Fisch
☐ Hähnchen

**22** HÖREN  Hör den Dialog, Teil 2. Schreib die richtige Einkaufsliste. 1/27

Brot, …

58  achtundfünfzig

**23** SCHREIBEN  Lies die E-Mail und schreib eine Antwort.

```
An:
Betreff: Was essen wir heute Abend?
```

Hallo …,
ich koche heute Abend Spaghetti mit Fleischsauce. Aber wir haben keine Tomaten und kein Fleisch. Ich arbeite noch. Ich bin um sechs Uhr fertig. Kaufst Du die Tomaten und das Fleisch? Vielleicht kaufst Du auch Eis.
Du weißt, ich liebe Schokoladeneis. Aber vielleicht magst Du heute keine Spaghetti, dann essen wir Bratwurst. Ich glaube, auch Bratwürste haben wir nicht.
Was meinst Du? Spaghetti oder Bratwurst?
Bitte antworte schnell!
Miriam

### SCHREIBEN IN DER PRÜFUNG

Du sollst eine Antwort schreiben.
Lies die E-Mail zuerst ganz genau durch.
Stell Fragen und mach Notizen.

Zum Beispiel:

1  Was möchte Miriam kochen?   *Spaghetti oder …*
2  Was hat sie nicht zu Hause?   *Tomaten, …*
3  Was möchte sie noch wissen?

```
An: Miriam
Betreff: AW: Was essen wir heute Abend?
```

Hallo Miriam,
ich finde _____ gut. Bratwurst mag _____
Ich kaufe _____
Dann kaufe ich auch _____

# 5 LERNWORTSCHATZ

**A1a** essen → er/sie isst — Was isst du gerne?
**A1b** schmecken — ○ Wie schmecken Heuschrecken? ♦ Nicht schlecht.
• Hunger, der (Sg.) — Ich habe Hunger!
**A2** • Restaurant, das, -s — Wo ist hier ein Restaurant?
**A3** • Welt, die, -en
bitte — ○ Eine Cola, bitte. ♦ Gerne.
einfach — Das ist ganz einfach.
• Speisekarte, die, -n — ○ Haben Sie eine Speisekarte? ♦ Hier, bitte sehr.
• Essen, das (Sg.) — Das Essen schmeckt gut.
wirklich — Die Pizza schmeckt wirklich gut.
komisch — ○ In Mexiko isst man Kakteen. ♦ Komisch.
• Fleisch, das (Sg.) — Meine Schwester isst kein Fleisch.
gesund — ○ Ist Seegurke gesund? ♦ Weiß ich nicht.
• Pommes frites, die (Pl.) — Ich möchte bitte Pommes frites.
**B1** trinken — ○ Trinkst du gern Milch? ♦ Nein.

**B1a** Essen 1:
• Hähnchen, das, -
• Spinat, der (Sg.)
• Käse, der (Sg.)
• Joghurt, der (Sg.)
• Brot, das, -e
• Reis, der (Sg.)
• Wurst, die, ¨-e
• Fisch, der, -e
• Müsli, das, -s
• Honig, der (Sg.)
• Eis, das (Sg.)

Getränke:
• Orangensaft, der (Sg.)
• Tee, der, -s
• Milch, die (Sg.)
• Kaffee, der, -s

**B2a** Essen 2:
• Ei, das, -er
• Tomate, die, -n
• Banane, die, -n
• Kartoffel, die, -n
• Apfel, der, ¨
• Gurke, die, -n

**B3** • Getränk, das, -e — Cola und Tee sind Getränke.
• Obst, das (Sg.) — ○ Schmeckt das Obst gut? ♦ Ja, sehr gut.
• Gemüse, das (Sg.) — Mein Bruder mag kein Gemüse.

60 sechzig

# LERNWORTSCHATZ

**5**

| | | |
|---|---|---|
| C1c | nehmen → er/sie nimmt | Ich nehme das Hähnchen. |
| C2 | sprechen → er/sie spricht | Jana spricht gut Spanisch. |
| C2a | • Sprache, die, -n | Welche Sprachen sprichst du? |

**Sprachen**

| Arabisch | Spanisch | Polnisch | Griechisch | Türkisch | Italienisch |
|---|---|---|---|---|---|
| أَهْلاً وَسَهْلاً | 🇪🇸 | 🇵🇱 | 🇬🇷 | 🇹🇷 | 🇮🇹 |

| | | |
|---|---|---|
| D1a | • Frühstück, das *(Sg.)* | Ich esse Müsli zum Frühstück. |

**Getränke und Speisen am Kiosk**

- Salat, der, -e
- Schokolade, die *(Sg.)*
- Toast, der, -s
- Brötchen, das, -
- Marmelade, die, -n
- Kuchen, der, -
- Cola, die, -s
- Mineralwasser, das, -
- Eistee, der *(Sg.)*
- Kakao, der *(Sg.)*

| | | |
|---|---|---|
| | • Euro, der, - | |
| D2a | • Mittag, der *(Sg.)* | |
| D2c | nichts | Ich habe keinen Hunger, ich möchte nichts. |
| D3 | möchten → er/sie möchte | ○ Ich möchte einen Toast. |
| | hier | ◆ Hier, bitte. |
| E1b | vielleicht | Möchtest du vielleicht ein Käsebrot? |
| E1c | stimmen | ○ Ich glaube, du magst Eis. ◆ Ja, das stimmt. |
| E1d | bezahlen | Ich bezahle die Schokolade. |
| | • Preis, der, -e | Was ist der Preis? |
| | also | Also, ich bezahle … |
| E1e | genug | Oje, ich habe nicht genug Geld! |
| ⊕1a | • Morgen, der *(Sg.)* | |
| | • Abend, der, -e | |
| | • Meter, der, - | Dejima ist 1 Meter 80 groß. |
| | • Kilogramm, das, - | |
| | • Stunde, die, -n | Babys schlafen viele Stunden am Tag. |
| | schlafen → er/sie schläft | Meine Schwester schläft sehr viel. |
| | • Teller, der, - | |
| | • Suppe, die, -n | |
| ⊕2a | • Wochenende, das, -n | Was machst du am Wochenende? |

einundsechzig 61

# 6 Warum lernen...?

## A TEXT

**1** Was weißt du noch? Richtig oder falsch? Kreuze an und vergleiche. A2 KB S. 58–59

|   |   | richtig | falsch |
|---|---|---|---|
| a | Thai Hoang lebt in Thailand. | ○ | ○ |
| b | Thais Lieblingsfach ist Medizin. | ○ | ○ |
| c | Gabriela spielt gerne Fußball. | ○ | ○ |
| d | Gabriela besucht eine Fußballschule für Straßenkinder. | ○ | ○ |
| e | Leonie Fischer findet Mathematik schwierig. | ○ | ○ |
| f | Leonies Lieblingsfach ist Zirkus. | ○ | ○ |
| g | Sherab Godar ist Bauer von Beruf. | ○ | ○ |
| h | In Nepals Schulen ist Naturschutz ein Schulfach. | ○ | ○ |

**2** Schreib die falschen Sätze richtig. A2

*b Thais Lieblingsfach ist nicht Medizin. Er muss Kurse in Medizin machen.*

## B WORTSCHATZ | Schulfächer und Tätigkeiten

**3** Wann hat Bernd was? Schreib die Buchstaben in Bernds Stundenplan. Welches Schulfach hat Bernd noch? B1

| Dienstag | | Mittwoch |
|---|---|---|
| Sport | I | Deutsch |
| Erdkunde | | Geschichte |
| Mathe(matik) | | Chemie |
| Musik | | Englisch |
| Wahlfach | | Kunst |

Bernd hat auch noch: I

Bildbuchstaben: O, T, I, N, K, I, R, A, F, M

62 zweiundsechzig

## 4 Ergänze die Schulfächer.

Das lernst du in

a  Was bedeutet $a^2 + b^2 = c^2$?  
b  Wo ist Oslo?  
c  Was heißt „Tu as quel âge"?   Französisch  
d  Wie zeichnet man eine Katze oder einen Hund?  
e  Was bedeutet $H_2O$?  
f  Warum hat Deutschland keinen Kaiser?  
g  Wie spielt man Volleyball?  
h  Was ist Hip-Hop und was ist eine Symphonie?  

## 5 Schulfächer und Tätigkeiten. Was passt nicht? Mach eine Übung für deine Partnerin / deinen Partner.

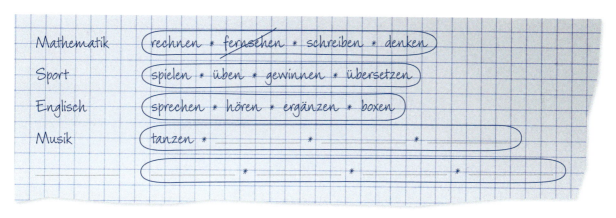

Mathematik — rechnen * fernsehen * schreiben * denken  
Sport — spielen * üben * gewinnen * übersetzen  
Englisch — sprechen * hören * ergänzen * boxen  
Musik — tanzen * ___ * ___ * ___  
___ * ___ * ___ * ___

singen * sprechen * hören * tanzen * tauchen * suchen * raten * finden * wählen * spielen * schreiben * ergänzen * üben * gewinnen * beginnen * fernsehen * ankreuzen * kontrollieren * übersetzen * wiederholen * boxen * denken * entdecken * leben * heißen * kommen * rechnen * merken * essen * trinken * nehmen * verstehen * …

## C GRAMMATIK | müssen, können, deshalb

### 6 Ergänze die Tabelle. Bilde Sätze.

| | | |
|---|---|---|
| Ich | muss | Hausaufgaben machen. |
| Du | | lernen. |
| Er/Es/Sie/Man | | |
| Wir | | |
| Ihr | | |
| Sie (Carla und Stefan) | | |

**7** Ergänze die Sätze. C1

muss (2x) ★ musst ★ müssen (2x) ★ müsst

a Wir _____ am Dienstag einen Test schreiben.
b _____ ihr auch „Le Petit Prince" lesen?
c Peter, du _____ noch die Mathematikhausaufgabe machen.
d Ich _____ Gitarre üben.
e Tobias und Markus _____ noch ihr Essen bezahlen.
f Teresa _____ Italienisch lernen.

**8** Was müssen Liam und Marie am Mittwoch machen? C1

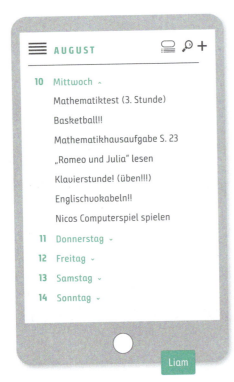
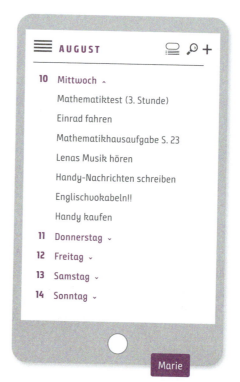

Liam und Marie müssen _____
Sie müssen _____ und _____ .
Liam muss Basketball spielen. Er muss _____
_____
Marie muss _____ .
Sie muss _____ .

---

**GRAMMATIK**

**Modalverben**
Bei *können* und *müssen* steht das 2. Verb am Satzende im Infinitiv.

Liam und Marie **müssen** einen Mathematiktest **schreiben**.

## 9 Ergänze die Tabelle und bilde Sätze.

| Ich | | | fahren. |
| Du | | | |
| Er/Es/Sie/Man | | | |
| Wir | können | | |
| Ihr | | | |
| Sie (Carla und Stefan) | | | |

## 10 Ergänze die Fragen und Antworten.

kann (4x) ★ kannst (2x) ★ können (3x) ★ könnt

a ○ ............ du Fahrrad fahren?
 ◆ Ja, natürlich.

b ○ ............ Susanne schwimmen?
 ◆ Nein, sie ist erst drei, ............ noch nicht schwimmen.

c ○ Wir spielen Schach, kommt Patrick auch?
 ◆ Nein, Patrick ............ nicht Schach spielen.

d ○ ............ du Gitarre spielen?
 ◆ Nein, aber ich ............ Klavier spielen.

e ○ ............ deine Freunde Einrad fahren?
 ◆ Tim und Anna ............ Einrad fahren, aber Lukas nicht.

f ○ ............ ihr Tennis spielen?
 ◆ Nein, Tennis mögen wir nicht, aber ............ ............ Volleyball spielen.

## 11 Wer kann was? Wer kann was nicht? Schreib Sätze.

Valentina

Felix

Tobias

Matteo und Lea

Ella

Maximilian

1 Valentina kann Klavier spielen.
2
3
4
5
6

**12** Ergänze die Sätze mit den Informationen aus der Tabelle.

|        | Einrad | Gitarre | Handstand | Tennis |
|--------|--------|---------|-----------|--------|
| Sabine | ✓ | ✓ | ✓ | — |
| Paul   | — | — | ✓ | ✓ |
| Jonas  | — | ✓ | — | — |
| Lara   | — | ✓ | — | ✓ |

a ○ _Kann_ Jonas Einrad fahren?
  ◆ _Nein_, aber er _____ Gitarre spielen.

b ○ Sabine, _____ du einen Handstand machen?
  ◆ _____, und ich _____ auch Einrad fahren.

c Paul, Jonas und Lara _____.

d ○ _____ Paul und Sabine Tennis spielen?
  ◆ Paul _____ Tennis spielen, aber Sabine?
  ○ Sabine, _____ du Tennis spielen?
  ▫ _____, das _____.

e Sabine, Jonas und Lara _____.

**13** Was kannst du, was kannst du nicht? Schreib Sätze.

Ich kann _____, aber ich kann nicht _____.

Ich kann nicht _____, aber ich kann _____.

Meine Eltern können _____, aber sie können nicht _____.

Kleine Kinder können _____, aber sie können nicht _____.

**14** Ordne zu und schreib Sätze mit *deshalb*.

> Deutsch, Französisch und Italienisch können ★ ~~Mathematik mögen~~ ★
> keine Nachrichten schreiben können ★ alle ihre Lieder kennen ★
> Chemie lernen müssen ★ Spanisch lernen ★ Französisch nehmen

a Leonie kann gut rechnen, _deshalb mag sie Mathematik_.

b Queen ist Davids Lieblingsband, _____

c Urs kommt aus der Schweiz, _____

d Carl hat eine Freundin in Madrid. _____

e Lea braucht noch einen Sprachkurs, _____

f Toms Handy ist kaputt, _____

g Anne hat morgen einen Test, _____

**15** Ergänze die Fragen mit deinen Lieblings… und schreib fünf persönliche Sätze. Verwende *deshalb*. C3

a Warum ist _____ deine Lieblingssängerin / dein Lieblingssänger?
b Warum ist _____ dein Lieblingsfach?
c Warum ist _____ dein Lieblingsland?
d Warum ist _____ deine Lieblingsspeise?
e Warum ist _____ dein Lieblingssport?

*kann gut singen, deshalb*

## D HÖREN: ALLTAGSSPRACHE

**16** Was weißt du noch? Ordne zu und vergleiche. D1 KB S. 63

a Max …                 1 findet die Physiklehrerin nett.
b Sophia …              2 nimmt nicht den Englischkurs, sondern den Ballettkurs.
c Annika …              3 kann nicht gut rechnen.
d Sophia …              4 muss noch einen Englischkurs machen.
e Max …                 5 nehmen vielleicht beide den Ballettkurs.
f Max und Annika …      6 findet den Englischkurs langweilig.

**17** Was passt? Ordne zu und ergänze dann den Dialog. D1

> ~~sowieso~~
> Warum …           auch, oder?
> Der ist …         nicht?
> Was nehme …       total nett.
> Du doch …         ich nur?
> Was …             heißt das?

○ Basketball oder Fußball? **a** _____
◆ Nimm Basketball, der Trainer ist Herr Berger.
  **b** _____.
  Vielleicht nehme ich auch Basketball, ich muss *sowieso* noch einen Sportkurs nehmen.
○ Mario, nimmst du auch Basketball?
▫ **c** _____ Am Dienstag und am Mittwoch habe ich Zeit.
○ **d** _____
▫ Da ist das Training, da habe ich Zeit. **e** _____

## E GRAMMATIK | Imperativ

> **GRAMMATIK**
> Das Wort *doch* findest du oft in Imperativsätzen. Es betont den Imperativ.

**18** Lernst du? Lern doch! Schreib den Imperativ. [E1]

| | Singular | | Plural | |
|---|---|---|---|---|
| a | Lernst du die Deutschvokabeln? | *Lern doch die Deutschvokabeln.* | Lernt ihr die Deutschvokabeln? | *Lernt doch die Deutschvokabeln.* |
| b | Machst du die Hausaufgaben? | | Macht ihr die Hausaufgaben? | |
| c | Liest du „Le Petit Prince"? | | Lest ihr „Le Petit Prince"? | |
| d | Nimmst du den Englischkurs? | | Nehmt ihr den Englischkurs? | |

**19** Wie heißen die Anweisungen in der Lektion 6 im Kursbuch? Ordne richtig zu. [E1] KB S. 58–65

| | | | |
|---|---|---|---|
| a | Macht … | 1 | in der Klasse. |
| b | Ergänzt die … | 2 | die Sätze. |
| c | Findet zwei … | 3 | Imperativformen. |
| d | Berichtet … | 4 | neue Fragen. |
| e | Gib … | 5 | Ratschläge. |
| f | Schreib … | 6 | Tabelle. |
| g | Verbinde … | 7 | eine Liste und vergleicht. |

**20** Schreib die Anweisungen auch im Singular oder Plural. [E2]

*Gib Ratschläge*          *Gebt Ratschläge*

**21** Was sagt die Lehrerin in der Klasse? [E2]

den Dialog hören ★ ~~einen Text schreiben~~ ★ Deutschvokabeln lernen ★
die Sätze ergänzen ★ den Text lesen ★ ein Interview machen

*Schreibt einen Text.*

## 22 Gib Ratschläge. Ordne zu und schreib Imperativformen. E2

heute Fisch essen ★ eine E-Mail schreiben ★ „Love and Shakespeare" nehmen ★
die CD noch einmal hören ★ noch einmal rechnen ★ <u>Mineralwasser trinken</u> ★ die Lehrerin fragen

a  Ich mag keinen Orangensaft.   *Trink doch Mineralwasser.*
b  Ich verstehe die Übung nicht.
c  Ich mag Fisch. Fisch ist meine Lieblingsspeise.
d  Wir verstehen den Dialog nicht.
   Die Personen sprechen so schnell.
e  Ich muss Lena sprechen, aber sie hat kein Handy.
f  Wir müssen noch einen Englischkurs machen.
g  37,8645? Ich glaube, die Lösung ist falsch.

## AUSSPRACHE | Satzmelodie, Betonung im Satz

### 23 Hör zu und markiere die Satzmelodie (↗ oder ↘). Achte auf die Betonung. ◀) 1/28

Aussage:         Nicole kann gut <u>rechnen</u>. ↘
Imperativ:       Nimm doch den <u>Englischkurs</u>. ○
W-Frage:         Wer kann <u>Klavier</u> spielen? ○
Ja/Nein-Frage:   Kannst du einen <u>Handstand</u> machen? ○
Intonationsfrage: <u>Du</u> kannst <u>Griechisch</u>? ○   Ich kann <u>schwimmen</u>, ○ und <u>du</u>? ○

### 24 Hör zu und markiere die Satzmelodie (↗ oder ↘) und die Betonung. ◀) 1/29

Hör den <u>Dialog</u>. ○
Thomas kann nicht gut rechnen. ○
Könnt ihr Gitarre spielen? ○
Ich nehme den Ballettkurs nicht. ○
Wann kannst du morgen kommen? ○
Wir nehmen den Englischkurs, und ihr? ○
Er kann nicht lesen? ○

## FERTIGKEITENTRAINING

**25** LESEN  Lies die Texte und ergänze dann die Sätze.

### WIE UND WO LERNST DU?
Schule – ganz anders

**SVEN**

kommt aus Deutschland. Er lebt bei Husum, in einem Haus auf dem Land. Svens Schule ist sehr klein: Sie hat nur zehn Schüler und einen Lehrer. Sven meint: „Ein Lehrer und zehn Schüler, meine Eltern finden das toll. Aber ich bin nicht sicher. Ich muss immer alle Hausaufgaben haben und ich muss immer alles können."

**LARA**

besucht eine Schule in Stams in Österreich. Lara ist 15 Jahre alt und Skispringerin. Die Schule in Stams ist eine besondere Schule für Skisportler. Lara hat dort auch normale Schulfächer wie Englisch, Deutsch und Mathematik. Doch Lara hat dreimal am Tag Training und kann nicht so viele normale Fächer nehmen. Deshalb müssen die Schüler in Stams auch ein Extra-Schuljahr machen.

**LEONARD**

spielt Klavier, und er spielt sehr gut. Leonard ist erst 14 Jahre alt, aber er gewinnt internationale Wettbewerbe und Preise. Leonard muss 40 Konzerte im Jahr spielen. Da hat er nicht viel Zeit. Die Schule muss warten. Leonards Eltern meinen: „Im Moment ist die Musik wichtig. Die Schule kommt später." Auch Leonards Eltern sind Musiker.

**FELICITAS**

Schule ist ein Hotel. Ihre Lehrer sind die Köche und Manager im Hotel. Felicitas besucht eine Tourismusschule in der Schweiz. Acht Wochen im Jahr machen die Schüler und Schülerinnen ein „Berufspraktikum", das heißt sie arbeiten in einem Hotel. „Das Praktikum ist interessant", meint Felicitas, „aber der Test am Ende muss nicht sein."

Sven ★ Lara ★ Leonard ★ Felicitas

a ................... geht nicht in die Schule.
b .....S........... Eltern finden die kleine Schule gut.
c ................... ist Skispringerin.
d ................... will später im Tourismus arbeiten.

e .....S........... Schule ist nicht sehr groß.
f .....S........... Eltern finden, die Schule ist nicht so wichtig.
g ................... muss ein Extra-Schuljahr machen.
h ................... mag den Praktikumstest nicht.

**26** LESEN  Lies den Text und beantworte die Fragen.

### Zu Hause lernen? – Gar nicht schlecht

Martina Müller kommt aus Deutschland. Sie ist 15 Jahre alt und ihr Bruder Peter ist 13, aber sie besuchen keine Schule. Martinas Familie lebt im Moment in Tarija, Bolivien. Martinas Vater ist Ingenieur und muss ein Jahr lang in Bolivien arbeiten. Martina und ihr Bruder lernen zu Hause.

**a** Woher kommen Martina und ihr Bruder?
_Sie kommen aus …_

**b** Wo leben Martina und Peter jetzt?

**c** Warum leben sie nicht in Deutschland?

**d** Welche Schule besuchen Martina und Peter?

**27** HÖREN  Hör das Interview. Was ist richtig? Kreuze an.  1/30

**1** Martina und ihr Bruder lernen zu Hause
  a ○ in Deutschland
  b ○ in Spanien
  c ✗ in Bolivien.

**2** Martinas Lehrer ist
  a ○ Frau Büchner.
  b ○ ihr Bruder.
  c ○ das Internet.

**3** Martinas Lieblingsfach ist
  a ○ Mathematik.
  b ○ Englisch.
  c ○ Geschichte.

**4** Martina und ihr Bruder finden Lernen zu Hause
  a ○ schrecklich.
  b ○ toll.
  c ○ schwer.

**5** Martinas Bruder lernt gerne
  a ○ am Montag.
  b ○ am Morgen.
  c ○ am Abend.

**6** Martina hat
  a ○ Freunde im Internet.
  b ○ keine Zeit für Freunde.
  c ○ keine Hobbys.

---

**HÖREN IN DER PRÜFUNG**

Hör auf die betonten Wörter im Satz. Sie geben oft wichtige Informationen.

Hör auf die Satzmelodie. Du verstehst die Informationen im Text dann besser.

Zum Beispiel:

„Wir haben hier in Tarija keine deutsche Schule ↘ und mein Bruder und ich sprechen kein Spanisch ↘."

---

**28** Lies und hör das Interview noch einmal. Was findest du gut / nicht so gut? Schreib Sätze.  1/30

_Das finde ich gut:_
> Martina hat keine Lehrer.
> Sie kann am Vormittag oder am Nachmittag lernen.
> …

_Das finde ich nicht so gut:_
> Martina hat nicht viele Freunde in Bolivien.
> …

einundsiebzig

# 6 LERNWORTSCHATZ

**A1** lernen — Wir lernen Deutsch.
• Schulfach, das, ¨-er — Wir haben zwölf Schulfächer.
• Natur, die *(Sg.)* — Ich bin gerne in der Natur.
fahren — Leonie lernt Einrad fahren.
**A1b** • Schule, die, -n
besuchen — Gabriela besucht eine Schule in São Paolo.

**Kontinente:** Europa, Nordamerika, Südamerika, Afrika, Asien, Australien

**A2a** • Bauer, der, -n — Bäuerinnen und Bauern arbeiten in der Natur.
• Bäuerin, die, -nen
• Leben, das *(Sg.)* — In Gabrielas Leben ist Fußball sehr wichtig.
deshalb — Lukas kann gut rechnen. Deshalb mag er Mathematik.
müssen → er/sie muss — Ich muss meine Hausaufgaben machen.

**A2b / B1a — Schulfächer:**
• Sport • Biologie • Religion • Physik
• Englisch • Deutsch • Chemie • Informatik
• Kunst • Erdkunde • Geschichte • Französisch
• Mathematik • Musik • Wahlfach, das, ¨-er

**B1d** • Liste, die, -n — Ich mache eine Liste.
**B2** • Stundenplan, der, ¨-e — Das ist mein Stundenplan.
**C1b** • Handstand, der *(Sg.)* — ○ Machst du einen Handstand?
**C2a** können → er/sie kann — ◆ Nein, das kann ich nicht.
schnell — Maria kann schnell rechnen.
singen — In Musik singen wir oft Lieder.
kochen

72 zweiundsiebzig

# LERNWORTSCHATZ    6

| | | | |
|---|---|---|---|
| C2b | niemand | | Niemand hier kann Einrad fahren. |
| C3b | lieben | | Lena liebt Ballett. |
| D1a | • Kurs, der, -e | | ○ Welche Nummer hat der Kurs? |
| | • Zeit, die, -en | | ○ Hast du morgen Zeit? ◆ Nein, da ich habe Training. |
| | • Ballett, das (Sg.) | | |
| | • Anfänger, der, - | | ○ Ich kann das noch nicht. ◆ Bist du Anfänger? |
| | • Anfängerin, die, -nen | | |
| D1c | total | | Frau Müller ist total nett. |
| E1a | keine Ahnung | | ○ Weißt du das? ◆ Nein, ich habe keine Ahnung. |
| E1b | sympathisch | | Mark findet Frau Fischer sympathisch. |
| E2a | cool | | Ist Skateboard fahren cool? |
| | uncool | | ⇔ cool |
| | • Kreuzworträtsel, das, - | | |
| | lösen | | Wir können die Aufgabe schnell lösen. |
| | • Roller, der, - | | |
| | • Modezeitschrift, die, -en | | |
| E2c | • Tipp, der, -s | | Vielen Dank für den Tipp. |
| | natürlich | | ○ Spielen wir Fußball? ◆ Ja, natürlich. |
| | hoch | | ○ Wie hoch ist dein IQ? ◆ Das weiß ich nicht. |
| | • Rätsel, das, - | | ○ Kannst du das Rätsel lösen? ◆ Nein. |
| | • Antwort, die, -en | | Lies die Fragen und finde die Antworten. |
| ⊕2a | • Internet, das (Sg.) | | Tims Internet ist sehr schnell. |
| | • Webseite, die, -n | | Kennst du Laras Mode-Webseite? |
| | so | | Er heißt Moritz oder so. |
| | antworten | | Bitte antworte bald. |
| ⊕RR | • Wasser, das (Sg.) | | Achtung! Kein Wasser im Sprungbecken! |

## 5 + 6 | MODUL-PLUS

| | | | |
|---|---|---|---|
| LL 1a | • Praktikum, das, Praktika | | Hanna macht ein Praktikum bei der Post. |
| | • Pause, die, -n | | ○ Machen wir eine Pause? ◆ Ja, gerne. |
| | brauchen | | Ich brauche das Praktikum für die Schule. |
| | lachen | | |
| | schwer | | Ich finde, Chinesisch ist sehr schwer. |
| | • Problem, das, -e | | ○ Hast du ein Problem? |
| | besonders | | Der Kuchen ist besonders gut. |
| P 1a | • Berg, der, -e | | |
| | • Meer, das, -e | | |
| | • Glas, das, ¨-er | | |
| | ein bisschen | | ○ Ich möchte ein bisschen schlafen. ◆ Jetzt? |
| P 1c | kaufen | | Wir müssen Milch und Brot kaufen. |

# TEST 5+6

**PUNKTE**

**1** GRAMMATIK Ergänze die Formen von *sprechen*, *essen* und *nehmen*.

Sprichst ★ ~~spreche~~ ★ Esst ★ nehme ★ Isst ★ nimmst

G

a ○ Was heißt „Namako"?
◆ Tut mir leid, ich _spreche_ kein Japanisch.

b ○ _____ du Deutsch?
◆ Ja, ein bisschen.

c ○ Ich nehme den Salat. Was _____ du?
◆ Ich weiß noch nicht. Vielleicht _____ ich auch den Salat.

d ○ _____ du gerne Spinat?
◆ Nein, Spinat finde ich schrecklich.

e ○ _____ ihr gerne Pizza?
◆ Ja, Pizza finden wir gut.

von 5

**2** GRAMMATIK Was nehmen die Personen? Ergänze *einen*, *ein* oder *eine*.

a Lia nimmt _ein_ Mineralwasser und _____ Salat.
b Tobias nimmt _____ Hamburger und Pommes frites.
c Finn möchte _____ Müsli und _____ Kaffee.
d Hanna isst _____ Pizza und trinkt _____ Eistee.

von 6

**3** GRAMMATIK Was können die Personen, was können sie nicht?

a Ich (+ Klavier spielen) _kann Klavier spielen_,
aber ich (− Schach spielen) _kann nicht Schach spielen._

b Mein Bruder (+ Rad fahren) _____,
aber er (− schwimmen) _____.

c Christine und Andrea (− singen) _____,
aber sie (+ tanzen) _____.

von 4

**4** GRAMMATIK Was sagt die Lehrerin? Schreib Sätze wie im Beispiel.

a den Text lesen:
_Lies den Text._   _Lest den Text._

b eine Nachricht schreiben:

c die Sätze ergänzen:

d den Dialog üben:

von 6

74 vierundsiebzig

## 5+6 TEST

PUNKTE

**5** WORTSCHATZ  Schreib die Namen und ordne zu. Schreib den Artikel.

OJHGUTR ★ SKÄE ★ SWRUT ★ LMCIH ★ ROTB ★ AORGNASETNF ★ HENHNÄCH ★ ETE

| Speisen | Getränke |
|---|---|
| der Joghurt, | |

W

von 7

**6** WORTSCHATZ  Ergänze die Sprachen.

a  In Frankreich spricht man  Französisch .
b  Antonio kommt aus Italien. Er spricht _____ .
c  Elifs Familie kommt aus der Türkei. Deshalb kann Elif sehr gut _____ .
d  In den USA spricht man _____ .
e  Ich fahre nach Griechenland. Leider spreche ich kein _____ .
f  In der Schweiz spricht man Französisch, Italienisch, Rätoromanisch und _____ .

von 5

**7** WORTSCHATZ  Schreib die Schulfächer.

a  C h e m i e     b  _ e _ _ u _ _     c  _ _ _ u _ k
d  _ p _ _ _      e  _ _ d _ u _       f  _ _ _ l _ _ i e
g  G _ s _ _ c _

von 6

**8** ALLTAGSSPRACHE  Ergänze.

Das macht ★ ~~Was ist da los?~~ ★ Warum nicht?
Was nehme ich nur? ★ Das gibt's doch nicht! ★ Vielleicht

a  Ich warte hier schon eine halbe Stunde. Ich weiß nicht, warum.  Was ist da los?
b  ○ Was nimmst du?  ◆ Ich weiß nicht. _____ nehme ich den Fisch.
c  Bitte sehr. Hier sind dein Toast und dein Orangensaft. _____ 3 Euro 20.
d  _____ Ich habe kein Geld.
e  Physik oder Chemie? _____
f  ○ Möchtest du wirklich Ballett nehmen, Thomas?  ◆ _____

A

von 5

| G | W | A | Wie gut bist du schon? |
|---|---|---|---|
| 17–21 | 15–18 | 5 | 😊 Sehr gut! |
| 11–16 | 10–14 | 3–4 | 🙂 Okay! |
| 0–10 | 0–9 | 0–2 | 😐 Na ja. Das übe ich noch. |

fünfundsiebzig  75

# HALBZEIT!
# PLATZ FÜR GUTE IDEEN!

# Brauchen Sie Hilfe? — 7

## A  TEXT

**1** Was weißt du noch? Ergänze den Text.

| Strand ★ werden ★ weg ★ Meer ★ Ärzte ★ kommt ★ ~~lebt~~ ★ schön ★ Sturm ★ Medizin ★ Schule ★ Trinkwasser ★ krank |

Josina **a** _lebt_ in Mosambik. Der **b** _____ ist

ihr Lieblingsplatz. Das **c** _____ ist wunderschön.

Doch dann **d** _____ ein Sturm. Das Meer ist nicht

mehr **e** _____ und ruhig, sondern gefährlich.

Josinas Haus ist **f** _____. Später kommt noch ein

**g** _____. Josinas Familie muss jetzt auch ohne Essen und ohne **h** _____ leben.

Viele Menschen werden **i** _____. Dann kommen internationale **j** _____ und bringen

**k** _____. Heute kann Josina wieder eine **l** _____ besuchen. Später will sie Ärztin

**m** _____.

## B  WORTSCHATZ | Farben, Gefühle

**2** Ergänze die Namen der Farben. Wie heißt Farbe Nummer 11?

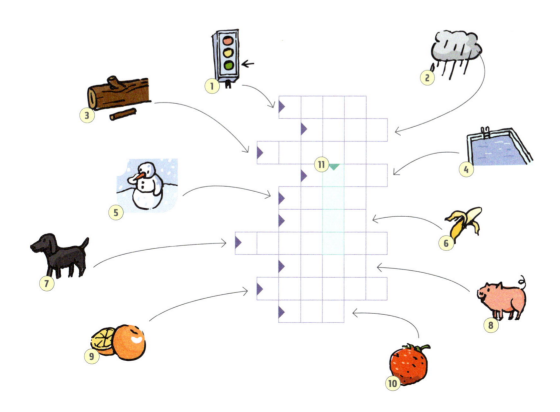

# 7

**3** Misch die Farben. Ergänze. B1

| a | r |   | + | e |   | b | = | r |   | g |
| b |   | w |   | z | + | e |   | = | g |   | a |
| c |   | t | + | e |   | ß | = | o |   |   |
| d | g |   | b | + | l |   | = |   | r |   | n |
| e |   | t | + | l |   | = |   | a |   |   |

**4** Finde die Gefühlswörter. Schreib die Wörter unter die Zeichnungen. B2

zufrieden ★ lustig ★ müde ★ hungrig ★ traurig ★ wütend ★ <u>glücklich</u> ★ nervös

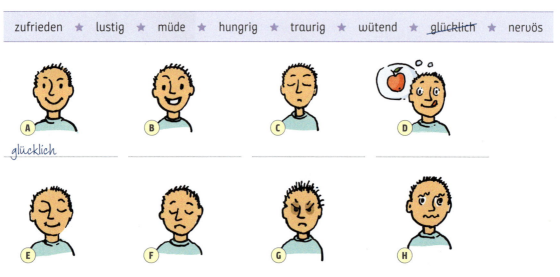

A glücklich     B _____     C _____     D _____

E _____     F _____     G _____     H _____

**5** Zeichne und benenne fünf Gefühle. Deck dann die Gefühlswörter ab, deine Partnerin / dein Partner muss raten. B2

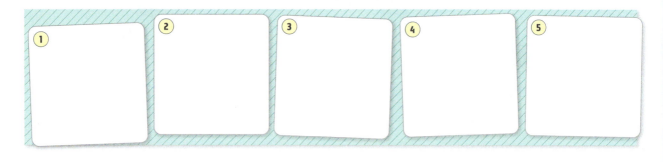

**6** Was passt? Unterstreiche die richtigen Wörter. B2

a   Meine Schwester hat Geburtstag. Alle ihre Freunde sind da. Sie ist  glücklich | traurig .

b   Wir spielen jetzt schon drei Stunden Fußball. Ich kann nicht mehr laufen. Ich bin  müde | wütend .

c   Ina übt Gitarre. Sie hat morgen ein Konzert. Sie ist schon  nervös | lustig .

d   Haben wir Brot, Käse oder Wurst? Ich muss jetzt etwas essen. Ich bin so  hungrig | müde .

e   Pauline hat hier keine Freunde. Sie ist  traurig | zufrieden .

f   Denis wartet schon eine Stunde. Aber der Bus kommt nicht. Jetzt ist er  wütend | lustig .

78   achtundsiebzig

**7** Hör zu. Welche Gefühlswörter passen zu den Situationen?

a ..................................... d .....................................
b ..................................... e .....................................
c ..................................... f .....................................

## C GRAMMATIK | *für, gegen, ohne* + Akkusativ

**8** Ergänze *für, gegen* oder *ohne*. Welche Lektion 1–7 von *Gute Idee!* passt zum Satz?

a Joon spielt sehr gut Schach. Er gewinnt auch *gegen* Schachprofis. → Lektion 3

b Gabriela besucht eine Fußballschule ............... Straßenkinder. → Lektion

c ............... seine Tiere kann Eugenius nicht leben. → Lektion

d Ingrid Bergman und Humphrey Bogart gewinnen den Oskar ............... den Film „Casablanca". → Lektion

e Die Löwen sind wie eine Familie ............... Ida Ahlers. → Lektion

f Jasmin sucht Dinge ............... ihre Familie auf der Mülldeponie. → Lektion

g Nannerl und Wolfgang Mozart spielen ............... die Kaiserin von Österreich Klavier. → Lektion

h Sandra Neumann boxt manchmal auch ............... Jungen. → Lektion

i Dejima Wakunasato beginnt seinen Tag immer ............... Frühstück. → Lektion

j Leonie Fischer findet die Schule ............... das Wahlfach „Zirkus" langweilig. → Lektion

k Sarah und David tauchen nach Muscheln ............... ihre Shopping-Tour. → Lektion

l „Ärzte ohne Grenzen" bringt Hilfe ............... die Menschen in Mosambik. → Lektion

---

**GRAMMATIK**

Such im Kursbuch oder im Arbeitsbuch gute Beispielsätze für die Grammatik. Lern die Sätze auswendig.

Zum Beispiel:
Präposition *für* + Akkusativ:
Ingrid Bergman gewinnt den Oscar *für* den Film „Casablanca". (L4)
*können*:
Leonie *kann* Einrad *fahren*. (L6)

## 9 Geburtstage. Schau die Grafik an. Wer kauft was und für wen?

a **Davids Geburtstag:** Nicole kauft für _ihren_ Bruder _ein Computerspiel_.

b Herr und Frau Schneider kaufen für _____ Sohn _____.

c **Nicoles Geburtstag:** David kauft für _____ Schwester _____.

d Herr Schneider kauft für _____ Tochter _____.

e Frau Schneider kauft für _____ Tochter _____.

f **Herrn Schneiders Geburtstag:** David und Nicole kaufen für _____ Vater _____.

g Frau Schneider kauft für _____ Mann _____.

h **Frau Schneiders Geburtstag:** Herr Schneider kauft für _____ Frau _____.

i David kauft für _____ Mutter _____.

j Nicole kauft für _____ Mutter _____.

## 10 Wer will was tun? Ergänze die Tabelle.

|  | wollen |  |
|---|---|---|
| Ich | will | ein Bild kaufen. |
| Du |  |  |
| Pia |  |  |
| Wir |  |  |
| Ihr |  |  |
| Paul und Paula |  |  |

## 11 Was wollen die Personen machen? Ergänze die Sätze.

will (2x) ★ willst ★ wollen (2x) ★ wollt

a Niklas _will_ Architekt werden.

b Wir _____ eine Lampe für Noah kaufen.

c _____ ihr Musik hören?

d Ich _____ eine Nachricht schreiben.

e _____ du ein Foto machen?

f Manuel und Charlotte _____ tanzen.

80 achtzig

## 12 „Ja, aber …" Ergänze die Sätze mit Verb und Nomen. C2

spielen * schreiben * lernen * wollen * wollen *
wollen * müssen * können * essen * gehen

Freunde * E-Mail-Adresse *
Geschichtsbuch * Geld * Karte

a Jan will Fußball spielen, aber ohne seine Freunde findet er Fußballspielen langweilig.

b ○ _____ ihr Andreas eine E-Mail _____?

♦ Ja, aber ohne seine _____ können wir das nicht.

c Melanie _____ für den Geschichtstest _____, aber ohne

ihr _____ geht das nicht.

d Alex und Nils _____ etwas zu Mittag _____, aber ohne _____

können sie am Kiosk nichts kaufen.

e ○ Heute Abend ist ein Popkonzert, _____ du _____?

♦ Ja, aber ohne _____ habe ich keine Chance.

## AUSSPRACHE | s – sch

### 13 Was hörst du: s oder sch? Hör zu und notiere. Hör dann noch einmal und sprich nach. 🔊 2/02

| | | | | | | | | | | | | | | |
|---|---|---|---|---|---|---|---|---|---|---|---|---|---|---|
| a | Strand | d | Kunst | g | Wasser | j | Speise | m | später | p | Spanisch (sch) | s | schön | |
| b | schlafen | e | Sport | h | Geschichte | k | Großvater | n | Frühstück | q | Stunde | t | Toast | |
| c | Sonntag | f | Haus | i | nichts | l | Straße (sch) | o | hässlich | r | Musik | | | |

### 14 Wann hörst du sch, wann hörst du s? Hör noch einmal, ordne zu und schreib die Wörter aus 13 in die Tabelle. 🔊 2/02

| | | |
|---|---|---|
| **sch** | sch | schön, |
| | sp | |
| | st | |
| **s** | s | |
| | ss | |
| | ß | |
| | -st | |

### 15 Hör zu, sprich nach und ergänze s oder sch. 🔊 2/03

a Mein Bruder ist ___tudent.

b Kannst du Gitarre ___pielen?

c Das Hähnchen ___meckt lecker.

d Wie buch___tabiert man das?

e Er ___pricht sehr gut Italieni___.

f Ge___ichte ist mein Lieblingsfach.

# 7

## D HÖREN: ALLTAGSSPRACHE

**16** Was weißt du noch? Bring die Sätze in die richtige Reihenfolge und vergleiche. D1 KB S. 75

○ Jetzt hat Lisa keinen Fahrschein.
○ Ein Kontrolleur kontrolliert die Fahrscheine.
○ Lisa hat einen Fahrschein für die Frau.
○ Eine Frau hat keinen Fahrschein.
○ Ohne Fahrschein muss die Frau 90 € zahlen.
① Lisa und Tobias sind im Bus.
○ Der Kontrolleur will Lisas Fahrschein kontrollieren.

**17** Was passt? Ordne zu und ergänze dann die Dialoge. D1

| | |
|---|---|
| Ist jetzt alles … | sie sein. |
| Das kostet … | eine neue Karte kaufen? |
| Kann ich … | Sie, … |
| Da muss … | in Ordnung? |
| Einen Moment, … | 12 Euro. |
| Entschuldigen … | bitte. |

**a** ○ Kann ich deine Kinokarte sehen?
  ◆ Ja, sofort. *Einen Moment, bitte.*
   Wo ist sie nur? Ich habe eine Karte, ganz sicher.
   Warten Sie bitte. _____.
   Hier, bitte sehr.
  ○ Die Karte ist für das Annen-Kino, aber das hier ist das Zentral-Kino.
  ◆ Oh nein! _____
   _____?
  ○ Ja, dort ist die Kinokasse.

**b** ○ Ich brauche schnell eine Karte.
  ◆ Hier bitte. _____.
  ○ 12 €. So viel? Na gut, hier bitte.

**c** ○ _____
   _____?
  ◆ Ja. Alles in Ordnung.
  ○ _____,
   wie heißt eigentlich der Film?

## E GRAMMATIK | du/Sie, dein/Ihr E1

**18** Was passt? Ordne zu.

○ Kommst du heute Abend?
○ Sind Sie Herr Huber?
○ Was macht ihr heute Nachmittag?
○ Kennen Sie die Museumsstraße?

**19** Ergänze die Tabelle mit Fragen mit *du*, *ihr*, *Sie*. E1

| du | ihr | Sie (Singular) | Sie (Plural) |
|---|---|---|---|
| Bist du Lisa? | | Sind Sie Herr Winter? | Sind Sie Herr und Frau Winter? |
| Kommst du heute? | Kommt ihr heute? | | |
| | Was macht ihr da? | | |
| | | | Kennen Sie Köln? |

**20** Wo sind die Eintrittskarten? Unterstreiche die richtigen Satzteile. E2

- ○ Guten Abend. ⟨Haben Sie Ihre⟩ | Habt ihr eure  Eintrittskarten?
- ♦ Ja, natürlich. Maria, haben Sie | hast du  die Eintrittskarten?
- ▫ Nein, die haben Sie | hast du .
- ♦ Entschuldige. | Entschuldigen Sie.  Warten Sie | Warte  bitte einen Moment.
- ○ Kein Problem. Suchen Sie | Such  nur Ihre | deine  Karten.
- ♦ Vielleicht habe ich die Karten. Nein, Maria, Sie haben | du hast  sie, ganz sicher.
- ▫ Und was ist das? Da sind sie doch! In Ihrer | deiner  Tasche!

**21** Wer sagt was? Ordne die Bilder ①  bis ③  zu und schreib die Imperative in der *Sie*-Form. E2

> **GRAMMATIK**
> **Imperativ**
> *Sie* steht nach dem Verb.
>
> ***du*-Form:** *Trink doch noch etwas!*
> ***ihr*-Form:** *Trinkt doch noch etwas!*
> ***Sie*-Form:** *Trinken Sie doch noch etwas!*

a ① „Fahrscheinkontrolle. Zeig deinen Fahrschein, bitte."
„Fahrscheinkontrolle. Zeigen Sie Ihren Fahrschein, bitte."

b ○ „Sehr gut. Schwimm jetzt noch 50 Meter."

c ○ „Trink und iss doch noch etwas."

d ○ „Bezahl jetzt das Essen, bitte."

e ○ „Bezahl bitte deinen Fahrschein."

f ○ „Trink ein Glas Wasser und lauf dann noch 100 Meter."

g ○ „Nimm doch den Hamburger, der ist heute besonders gut."

## 7

**22** *du*, *du/Sie* oder *Sie*? Ordne die Aussagen zu. E2

Hallo. ★ ~~Guten Tag.~~ ★ Auf Wiedersehen. ★ Entschuldigung. ★ Entschuldigen Sie. ★ Tschüs. ★ ~~Entschuldige.~~ ★ Was möchtest du? ★ Wie geht es dir? ★ Wie geht es Ihnen? ★ ~~Guten Morgen.~~ ★ Guten Abend. ★ Kommen Sie bitte! ★ Was möchten Sie? ★ ~~Gute Nacht.~~ ★ Komm doch!

**du**
Entschuldige.

**du / Sie**
Guten Morgen.
Gute Nacht.

**Sie**
Guten Tag.

**23** Schreib Fragen zu den Bildern. E2

Entschuldige, ist/sind das dein/deine …?
Entschuldigen Sie, ist/sind das Ihr/Ihre …?

**24** Schreib die Fragen in der *du*- und in der *Sie*-Form.
Wähle dann fünf Fragen aus und mach ein Interview mit deiner Lehrerin / deinem Lehrer.

a  Geschwister – du – Hast?
   *Hast du Geschwister?*
   *Haben Sie Geschwister?*

b  deine – alt – sind – Geschwister – Wie?

c  ist – Was – Lieblingsmusik – deine?

d  du – Isst – gerne – Fast-Food?

e  ist – Was – Lieblingsfilm – dein?

f  du – Machst – Sport?

g  Fußball – Wie – du – findest?

h  du – ein – Instrument – Spielst?

i  einen – machen – Kannst – du – Handstand?

j  ein – Hast – Fahrrad – du?

k  gerne – Tanzt – du?

l  liest – Was – du – gerne?

# FERTIGKEITENTRAINING

**25** LESEN  Lies den Text und ergänze die Tabelle.

## PROJEKTARBEIT IM AUSLAND

Naturschutz in Chile, Tierschutz in Mexiko oder ein Medizinpraktikum in Indien? Viele junge Menschen aus Europa machen für einige Zeit Sozialarbeit im Ausland. Sie wollen dort helfen und arbeiten für wichtige Projekte. Hier sind einige Beispiele:

Der Strand in Tecomán ist **Julias** Arbeitsplatz. In Mexiko sind die Meeresschildkröten in Gefahr. Julia aus Dortmund arbeitet dort für ein Tierschutzprojekt. Sie markiert die Schildkröteneier am Strand und informiert die Menschen über die Schildkröten. In Mexikos Restaurants sind Schildkröteneier leider immer noch eine Spezialität.

**Tim** arbeitet als Fußballtrainer in Ghana. Dort trainiert er eine eigene Mannschaft. Die Jungen sind elf und zwölf Jahre alt und trainieren jeden Tag. Am Wochenende haben sie ein wichtiges Spiel. Tim ist nervös, aber seine Spieler meinen: „Tim, wir gewinnen sicher."

**Lilli** ist Studentin in Hamburg. Sie will Ärztin werden. Aber im Moment macht sie ein Medizinpraktikum in Indien. Die Arbeit ist schwierig, und am Abend ist Lilli immer sehr müde. Aber sie mag ihre Arbeit. „Die Menschen hier sind so freundlich, und ich lerne viel für mein Studium und für meinen Beruf."

**Sonja** spricht sehr gut Spanisch. Deshalb arbeitet sie für ein Kinderprojekt in Bolivien. Die Kinder im Kindergarten sind vier und fünf Jahre alt. Viele haben keine Eltern mehr. In Dortmund hat Sonja zwei kleine Schwestern. „Deshalb finde ich die Arbeit hier nicht so schwierig", meint sie.

Übrigens: Die Jugendlichen bekommen kein Geld für ihre Arbeit. Aber sie finden ihre Arbeit interessant und wichtig.

|  | macht ein Praktikum / arbeitet für ein Projekt in … | Tätigkeit |
|---|---|---|
| Julia |  |  |
| Tim |  |  |
| Lilli |  |  |
| Sonja |  |  |

## 26 HÖREN  Hör zu und kreuze an. Richtig oder falsch? 2/04

|  | richtig | falsch |
|---|---|---|
| **Beispiel:** Andreas arbeitet in Sri Lanka. | ☒ | ☐ |
| 1 Andreas möchte Lehrer werden. | ☐ | ☐ |
| 2 Sri Lanka hat nicht genug Lehrerinnen und Lehrer. | ☐ | ☐ |
| 3 Andreas arbeitet als Sportlehrer. | ☐ | ☐ |
| 4 Andreas ist den ganzen Tag in der Schule. | ☐ | ☐ |
| 5 Die Kinder lernen den ganzen Tag. | ☐ | ☐ |
| 6 Andreas ist noch sieben Tage in Sri Lanka. | ☐ | ☐ |

## 27 SCHREIBEN  Lies die E-Mail von Clara. Schreib dann für Andreas eine Antwort-E-Mail.

**An:** andi_sri@gute-idee.edu
**Betreff:** Grüße

Hallo Andreas,
wie geht es dir in Sri Lanka? Arbeitest du dort als Journalist? Musst du viel arbeiten, und macht die Arbeit Spaß? Wie lange bleibst du noch in Sri Lanka? Schreib doch mal.
Liebe Grüße
Clara

### SCHREIBEN IN DER PRÜFUNG

Bei der Prüfung musst du manchmal eine Nachricht lesen und dann eine Antwort schreiben. Die Nachricht kann beim Schreiben oft helfen. Dort findest du Wörter und Sätze für deine Antwort. Du musst die Sätze dann ein bisschen ändern.

Zum Beispiel:
In der Nachricht steht:
*Arbeitest du dort als Journalist?*
Du schreibst:
*Ich arbeite hier nicht als Journalist, ich arbeite als …*

**An:** clara32@gute-idee.edu
**Betreff:**

Liebe *Clara*,

mir geht es _____

Ich arbeite _____

Die Arbeit finde ich _____

Ich bleibe noch _____

Liebe Grüße

# 7 LERNWORTSCHATZ

**A1a**
- Lieblingsplatz, der, ¨e — Mein Lieblingsplatz ist die Bibliothek.
- Strand, der, ¨e — Ich liebe den Strand und das Meer.
- Sturm, der, ¨e — Der Sturm ist schrecklich.

**A1b**
ruhig — Auf der Straße sind keine Menschen. Es ist ruhig.

**A2a**
- März, der (Sg.) — Der März hat 31 Tage.
- Haus, das, ¨er — Sein Haus ist sehr groß.
- gefährlich — ○ Ist Skateboard fahren gefährlich? ◆ Nein, sicher nicht.
- gegen — Heute spielt Österreich gegen Deutschland.
- sicher — Hier sind wir sicher.
- später — ○ Wann machst du die Hausaufgabe? ◆ Später.
- weg — Oh nein, mein Handy ist weg!
- ohne — Ohne Essen und Trinken kann man nicht leben.
- krank — ○ Mir geht es schlecht. ◆ Bist du krank?
- endlich — Endlich bist du da!
- bringen — Bring Oma bitte ein Glas Wasser!
- malen — Die Künstlerin malt Bilder.
- Farbe, die, -n — Meine Lieblingsfarbe ist blau.
- zuerst — Was kommt im Alphabet zuerst: G oder I?
- hell — Am Tag ist es hell.
- dunkel — ≠ hell
- wollen → sie will — ○ Was willst du später werden? ◆ Ärztin.
- werden → er wird — Mein Bruder will auch Arzt werden.

**B1a** Farben

lila — gelb — rot — grau — grün — beige
rosa — orange — blau — schwarz — weiß — braun

**C1b**
- Tier, das, -e — Katzen und Hunde sind Tiere.
- Spende, die, -n — Eine Spende für „Ärzte ohne Grenzen".
- spenden — Ich spende für Greenpeace.

88 achtundachtzig

# LERNWORTSCHATZ

**B2a** Gefühle

 zufrieden  lustig  müde  hungrig  glücklich

 traurig  nervös  wütend  durstig

| | | |
|---|---|---|
| **C1c** | wie viel | ○ **Wie viel** Geld hast du? ◆ Ich habe zehn Euro. |
| | etwas | Haben Sie **etwas** Zeit? |
| | • (ein) Viertel, das, - | ein **Viertel**  |
| **C1d** | • Lösung, die, -en | Für das Problem gibt es keine **Lösung**. |
| **C2b** | bekommen | **Bekommst** du viele E-Mails? |
| | arm | Sie haben kein Geld. Sie sind **arm**. |
| **D1a** | • Fahrschein, der, -e | Für den Bus braucht man einen **Fahrschein**. |
| | kontrollieren | Der Kontrolleur **kontrolliert** die Fahrscheine. |
| | • Automat, der, -en | ○ Wo kann ich einen Fahrschein kaufen? |
| | | ◆ Der Fahrschein**automat** steht dort. |
| **D1d** | • Moment, der, -e | ○ Kommst du? ◆ Einen **Moment** … |
| | kosten | ○ Das Kleid **kostet** 200 €. ◆ Das ist aber teuer! |
| **E1b** | • Nachmittag, der, -e | ○ Habt ihr am **Nachmittag** Zeit? |
| | | ◆ Nein, leider nicht. |
| **E2** | entschuldigen | **Entschuldigen** Sie, wo ist der Bahnhof?  |
| | • Tasche, die, -n | |
| ⊕1 | los sein | ○ Oh nein! ◆ Was **ist los**? |
| | • Gesicht, das, -er 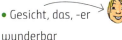 | |
| | wunderbar | Ich finde Paris **wunderbar**. |
| | • Telefon, das, -e | Kann ich dein **Telefon** haben? |
| | an·rufen | Ich **rufe** meine Tante **an**. Sie hat heute Geburtstag. |
| | • Doktor, der, -en | = Arzt/Ärztin |
| | • Frau Doktor, die *(Sg.)* | |
| ⊕2a | • Quiz, das *(Sg.)* | ○ Liest du Zeitung? ◆ Nein ich mache ein **Quiz**. |
| | alles | Haben wir wirklich **alles**? |
| | • Buffet, das, -s | Wir machen ein Kuchen**buffet** und spenden das Geld. |
| | zum Beispiel | Äpfel und Bananen sind **zum Beispiel** Obst. |

---

*(Sg.)* = Singular: Das Wort kommt nur im Singular vor.
*(Pl.)* = Plural: Das Wort kommt nur im Plural vor.
*(A)* = Austria: So sagt man das Wort in Österreich.
weh·tun = Das Verb ist trennbar. → *Mein Kopf tut weh.*

# 8 Was siehst du gerne?

## A TEXT

**1** Was weißt du noch? Was steht im Text? Kreuze an und vergleiche. A2 KB S. 79

a Hasan hat ... Dort sieht er seine Serien.
- ○ einen Fernseher.
- ○ einen Laptop.
- ○ ein Handy.

b Binge-Watching macht Hasan ...
- ○ zufrieden.
- ○ traurig.
- ○ müde.

c Emilias Eltern mögen ...
- ○ Geschichten.
- ○ keinen Serienmarathon.
- ○ Popcorn.

d Laras Freund sieht *Vampire Diaries* ...
- ○ ohne Lara.
- ○ am Samstag.
- ○ mit Max.

## B WORTSCHATZ UND GRAMMATIK | Fernsehsendungen, offizielle Uhrzeit · sehen

**2** Finde in der Welle acht Fernsehsendungen. B1

nachrichtensendungkrimisportsendungseriedokumentationzeichentrickfilmtalkshowspielshow

**3** Lies die Programminformationen. Welche Sendungen aus Übung **2** sind das? B1

*Wer ist H. P.?* Die Polizei braucht Hilfe. Aber auch Detektiv Braun weiß nicht weiter.
a ................................

**FILMTIPP:** Die Simpsons. Der Film.
b ................................

„Was ist Ihre Lieblingsrolle?" Johannes Meister spricht mit Schauspielern und Schauspielerinnen.
c ................................

*Wer gewinnt die Million?* Max, Silvia und Henrik haben noch Chancen.
d ................................

**FRANKREICH** gegen **BRASILIEN**: Fußball heute Abend live.
e ................................

Heute in „Die Welt": Alltag in China.
f ................................

*Informationen aus aller Welt*, immer um 18:00 Uhr. Heute mit Sarah Weiß.
g ................................

*Ist Franziska wirklich Tims Mutter?* Hat Sandro das Geld für das Hotel? Alle Antworten heute Abend um 20:00 Uhr.
h ................................

**4** Hör zu. Welche Sendungen aus **2** sehen die Personen? B1 2/05

1 Zeichentrickfilm   2 ................   3 ................   4 ................

**5** Wann beginnen die Fernsehsendungen? Ordne zu und ergänze die offizielle Uhrzeit. [B1]

a Der Krimi beginnt um _zwanzig Uhr zwanzig_.
b Um _____ beginnt die Talkshow.
c Die Spielshow beginnt um _____.
d _____ beginnt die Sportsendung.
e Die Nachrichtensendung beginnt um _____
f _____ beginnt die Dokumentation.

**Fernsehprogramm**

| 17:40 | DTL1 | Spielen Sie mit! |
| 18:15 | S | Basketball: NBA |
| 20:20 | DTL2 | Stadtkrimi |
| 21:55 | DTL1 | Heute aktuell |
| 22:45 | Talkkanal | Binge Watching |
| 23:25 | ScienceTV | Albert Einstein |

**6** Ergänze die Formen von *sehen*. [B2]

| ich | du | er, es, sie, man | wir | ihr | sie, Sie |
|---|---|---|---|---|---|
| sehe | | | sehen | | |

**7** Wer sieht was gern? Sieh die Tabelle an und ergänze dann die richtige Form von *sehen* und die Sendungen. [B2]

|  | Elias | Leni | Justin | Herr Brandner |
|---|---|---|---|---|
| Krimis | ☺ | ☹ | ☺ | ☹ |
| Dokumentationen | ☹ | ☹ | ☺ | ☺ |
| Sportsendungen | ☺ | ☺ | ☺ | ☺ |

a Elias und Justin _sehen_ gern _Krimis_
   und _____.
b Justin: „Ich _____ gern
   _____, du auch Leni?"
   Leni: „Nein, _____ mag ich nicht."
c Justin _____ gern _____.
d Elias: „_____ du gern _____, Leni?
   Leni: Ja, ich _____ gern Fußball und Tennis.
e Justin: „_____ Sie gern _____, Herr Brandner?"
   Herr Brandner: „Nein, aber _____ und _____ mag ich."

## C WORTSCHATZ UND GRAMMATIK | Uhrzeit · dürfen

**8** Ordne die Uhrzeiten zu und schreib die offizielle Uhrzeit. Der Lerntipp auf Seite 92 hilft dir. [C1]

① 8:30  ② 14:45  ③ 11:15  ④ 17:00  ⑤ 18:10  ⑥ 19:55  ⑦ 11:37  ⑧ 12:27

a ___ Es ist fünf Uhr. _____
b ___ Es ist drei vor halb eins. _____
c _1_ Es ist halb neun. _Es ist acht Uhr dreißig._
d ___ Es ist fünf vor acht. _____
e ___ Es ist sieben nach halb zwölf. _____
f ___ Es ist zehn nach sechs. _____
g ___ Es ist Viertel vor drei. _____
h ___ Es ist Viertel nach elf. _____

# 8

**9** Hör zu, schreib die Uhrzeit auf und ordne dann die Situationen chronologisch. Der Lerntipp unten hilft dir. C1  2/06

| | inoffiziell | offiziell |
|---|---|---|
| 1 | Es ist zehn nach elf. | Es ist elf Uhr zehn. |
| 2 | | |
| 3 | | |
| 4 | | |
| 5 | | |
| 6 | | |

am Morgen: ........  am Vormittag: 1  am Mittag: ........

am Nachmittag: ........  am Abend: ........  in der Nacht: ........

**10** Wann beginnen die Fernsehsendungen? Schreib sechs kurze Dialoge. Schreib die inoffizielle Uhrzeit. C1

a ○ Wie spät ist es?
  ◆ Es ist _Viertel nach_
  ○ Dann beginnt jetzt _____

b ○ Wann beginnt „Heute"?
  ◆ Um _____

| 17:15 | Sherlock |
| 17:50 | Sportstudio: Rad-WM |
| 18:35 | Emmas Montag: „Warum kocht er nie?" |
| 19:10 | Heute. Nachrichten |
| 19:45 | Krimi: „Eine Frage zu viel." |
| 21:20 | Marokko: Reisedokumentation |

c ○ _____
  ◆ _____
  ○ _____

d ▪ _____
  • _____
  ▪ _____

e ▼ _____
  ▪ _____
  ▼ _____

f ○ _____
  ◆ _____
  ○ _____

**11** Ergänze die Tabelle. C2

| | dürfen | |
|---|---|---|
| ich | darf | keine Krimis sehen. |
| du | | |
| er, es, sie, man | | |
| wir | | |
| ihr | | |
| sie, Sie | | |

> **LERNTIPP – UHRZEIT**
> **Offizielle Uhrzeit:** Zuerst nennst du die Stunde, dann die Minuten.
> **Inoffizielle Uhrzeit:** Zuerst nennst du die Minuten, dann die Stunde.
> ⚠ Die Wörter *Viertel*, *halb*, *vor* und *nach* sind wichtig!
>
> Zum Beispiel:
> Offiziell: *Es ist **neun** Uhr zehn.*
> Inoffiziell: *Es ist zehn nach **neun**.*

**12** Ergänze die Sätze.

darf (3x) ★ darfst ★ dürfen (2x) ★ dürft

a _____ du Krimis sehen?
b Ihr _____ hier nicht Fußball spielen.
c Wir _____ morgen faulenzen.
d Hier _____ man nicht laut sprechen.
e Ich _____ das Buch noch zwei Wochen haben.
f Daniel und Max _____ morgen auch zur Party kommen.
g Alex _____ noch zwei Stunden fernsehen.

**13** Was *darf* man hier nicht?

~~laut sprechen~~ ★ Musik hören ★ schwimmen ★ Fußball spielen ★ essen und trinken ★ telefonieren ★ Rad fahren ★ Fotos machen

A Hier darf man nicht laut sprechen.

 B _____

 C _____

 D _____

 E _____

 F _____

 G _____

 H _____

**14** *Dürfen, müssen, können* oder *wollen*? Ergänze die Dialoge.

a ○ _____ du nach 23 Uhr Serien sehen?
　◆ Nein, nur am Wochenende.

b ○ Die Mathematikaufgabe ist wirklich schwierig.
　◆ Ja, fragen wir Laura, sie _____ gut rechnen.

c ○ Was _____ du später werden, Philipp?
　◆ Das weiß ich noch nicht, vielleicht Arzt.

d ○ Kommst du mit, Marcel? Wir spielen Fußball.
　◆ Ich darf nicht. Ich _____ noch die Hausaufgaben machen.

e ○ Wir spielen Basketball. Spielt ihr mit?
　◆ Gerne, aber wir _____ nicht gut Basketball spielen.

f ○ _____ Jugendliche unter 16 Jahren *Sherlock* sehen?
　◆ Ja, für *Sherlock* muss man 12 Jahre alt sein.

## D HÖREN: ALLTAGSSPRACHE

**15** Was weißt du noch? Ergänze die Sätze und vergleiche. D1  KB S. 83

> Chips ★ müde ★ frei ★ eine Serie sehen ★
> zufrieden ★ toll ★ will nicht ★ zu ★ Billard

Lara und Finn gehen Billard spielen und dann in den Club.
Leon kommt nicht mit.

Er möchte **a** _____ .

**Situation 1:**

Lara und Finn sind nicht **b** _____ :

Kein Billardtisch ist **c** _____

und der Club ist **d** _____ . Sie kaufen

**e** _____ ein, und möchten auch Leons Serie sehen.

**Situation 2:**

Lara und Finn finden Charlies Bar **f** _____ . Sie rufen Leon an, aber Leon **g** _____

kommen. Er sagt, er kann nicht **h** _____ spielen, er ist **i** _____ und möchte

die Serie sehen.

**16** Was passt? Ordne zu und ergänze dann die Dialoge. D1

**a** ○ _____ Vera, wir gehen schwimmen.

◆ Ach nein, ich bin so müde. Ich möchte schlafen.

○ Ach komm, _____ Steh auf und komm mit!

◆ Später will ich meine Lieblingsserie sehen, *Outlander*.

○ Du kannst doch immer deine Serie sehen. _____

◆ Nein, ich bleibe da.

**b** ○ _____

◆ Ja, gut. Hallo Vera, hier ist es _____ .

Ja, das Wasser ist super und es sind nicht zu viele Menschen da. Okay. Bis später.

○ *Sie sagt, sie kommt.* *Outlander* ist ziemlich langweilig.

## E GRAMMATIK | trennbare Verben

**17** Ergänze die Sätze. E1

kommen (2x) ★ komm ★ kommt ★ komme ★ kommst

| | | |
|---|---|---|
| Aussagesatz: | Ich _____ vielleicht morgen mit. | |
| Ja/Nein-Frage: | _____ du mit? | |
| W-Frage: | Wann _____ ihr mit? | |
| Imperativ: | Lena, _____ doch mit! | |
| Aussagesatz mit Modalverb: | Ich möchte mit _____. | |
| Aussagesatz: | Am Freitag _____ Mara und Till mit. | |

**18** Was passt zusammen? Wie viele Verben kannst du finden? Schreib die Verben. E2 KB S. 84

an • auf • aus • ein • fern • mit • zu

sehen • fangen • stehen • rufen • kaufen • kommen • steigen • singen • bringen • machen • hören

*fernsehen, aussehen,* _____

**19** Welche Verben aus Übung 18 passen? E2

a Hier ist Geld. Kannst du Brot und Milch _____?

b Der Bus fährt nicht weiter. Sie müssen hier _____.

c Ich gehe nicht alleine. Du musst _____.

d Da ist das Telefon. Kannst du Peter und Amelie _____?

e Der Film ist langweilig. Ich möchte nicht mehr _____.

f Es ist 20 Uhr. Das Fußballspiel muss jetzt gleich _____.

g Möchtest du wie Tom Holland _____?

Tom Holland

## 20 Ergänze die Verben und ordne zu: Wer sagt was? E2

① ② ③

a mitkommen: _____ doch _____, Maja. Wir gehen schwimmen. ③
b einsteigen: _____ Sie bitte schnell _____. ○
c mitbringen: _____ du Cola und Orangensaft für die Party _____, Tom? ○
d nachsprechen: _____ die Sätze _____, Nils! ○
e anrufen: Komm, wir _____ Lena _____. ○
f zuordnen: Bitte alle zuhören: _____ die Sätze _____ und schreibt die Antworten. ○
g aufstehen: _____ bitte _____. Hier musst du aussteigen. ○

## 21 Conny findet heute alles langweilig. Sie schreibt Nachrichten. Ergänze die Verben. E2

aussehen ★ mitspielen ★ anrufen ★ einkaufen ★ mitbringen ★ fernsehen ★ mitkommen

a **Conny:** Es ist so furchtbar langweilig. Was macht ihr denn?

Wir _____ _____: Fußball.

Fernsehen mag ich nicht und Fußball überhaupt nicht.

b Ich gehe heute ins Kino. _____ du _____?

Kino mag ich heute auch nicht.

c Ich habe eine neue Gitarre. Die _____ echt cool _____. Willst du sie sehen? Komm heute Abend. Wir können auch zusammen spielen: Gitarre und Keyboard. Vielleicht _____ Tobias auch _____.

Nein, ich habe keine Lust.

d Wir machen eine Shoppingtour, wir _____ für Stefans Party _____.

Einkaufen mag ich nicht.

e Conny, _____ doch Manuel _____. Er wartet!!!

Er muss noch weiter warten. Telefonieren mag ich heute überhaupt nicht.

f Wir spielen Computerspiele, komm doch auch und _____ ein Spiel _____.

Computerspiele finde ich blöd.

Heute ist wohl nicht dein Tag. Was magst du denn überhaupt?

Nachrichten schreiben ist okay.

## AUSSPRACHE | lange und kurze Vokale

**22** Hör zu und ergänze *a, e, i, o, u* oder *ä, ö, ü*. 🔊 2/07

**a** k_ö_nnen  k__mmen  M__nn  N__mmer  b__llig  schn__ll  m__ssen  k__nn

**b** F__hne  f__hlen  w__hnen  n__hmen  __hr  S__hn  St__hl  H__hnchen

**c** s__ß  gr__ß  Str__ße  F__ßball

**d** dr__cken  schr__cklich

**23** Lang ▬ oder kurz •? Hör die Wörter in **22** noch einmal. Notiere, markiere und sprich nach. 🔊 2/07

**a** können,

**b**

**c**

**d**

**24** Lang ▬ oder kurz •? Sieh die Wörter in **22** noch einmal an. Wie heißen die Regeln? Kreuze an.

|  |  |  | ▬ | • |
|---|---|---|---|---|
| **a** a, e, i, o, u, ä, ö, ü + nn, mm, ll, ss … | → | ○ | ○ |
| **b** a, e, i, o, u, ä, ö, ü + h | → | ○ | ○ |
| **c** a, e, i, o, u, ä, ö, ü + ß | → | ○ | ○ |
| **d** a, e, i, o, u, ä, ö, ü + ck | → | ○ | ○ |

**25** Lang ▬ oder kurz •? Markiere, hör zu und kontrolliere. 🔊 2/08

**a** Alles Liebe!

**b** Was passt?

**c** Wie geht es dir?

**d** überall

**e** Mittag

**f** Appetit

**g** Frühstück

siebenundneunzig

# 8

## FERTIGKEITENTRAINING

**26** LESEN  Lies die zwei Anzeigen aus dem Internet und kreuze an: a, b oder c.

**Anzeige 1**

### 300 DVDs für 150 €

Du magst Krimis und Science-Fiction, Komödien und Zeichentrickserien? Hier findest du alle deine Lieblingsgenres!

300 DVDs warten auf neue Fans. Die DVDs sind maximal fünf Jahre alt. Sie sind alle okay und du kannst sie mit jedem DVD-Player spielen.
Wir haben keinen DVD-Spieler mehr, wir streamen nur noch. Deshalb möchten wir die DVDs weitergeben. Eine Liste mit allen Titeln können wir gerne schicken.

Preis: Alle 300 DVDs nur 150 €.
Für das Geld muss man alle 300 DVDs nehmen.

Tina, Mario und Marie Kröger    [NACHRICHT SCHREIBEN]

**Anzeige 2**

**WDW – Was du willst …**  Dein Partner für *Filme, Serien* und *Dokumentationen*

*Egal wann: am Morgen, zu Mittag oder in der Nacht – dein Lieblingsfilm wartet auf dich. Wo du auch bist, überall kannst du mit WDW deine Lieblingsprogramme streamen. Du brauchst nur WLAN, und dann geht es los.*

- **Für nur sechs Euro im Monat bist du dabei.**
- **Für fünf Euro mehr siehst du auch den Live-Sport.**
- **Das Super-Abo kostet 14 Euro im Monat. Dann kannst du auch Hollywood-Filme schon vor dem Filmstart im Kino sehen.**

*Hast du einmal genug von WDW, kannst du sofort wieder aus dem Abo aussteigen.*

**Beispiel Anzeige 1**

0  Familie Kröger sieht
   - ⊠ keine DVDs.
   - b  DVDs.
   - c  keine Komödien.

**Anzeige 1**

1  Die DVDs sind
   - a  alt.
   - b  neu.
   - c  kaputt.

2  Die Krögers
   - a  kaufen DVDs.
   - b  sehen Filme im Internet.
   - c  haben einen DVD-Spieler.

3  Man muss
   - a  alle DVDs kaufen.
   - b  300 Euro für die DVDs bezahlen.
   - c  die Titelliste kaufen.

**Anzeige 2**

1  Das ist eine Anzeige für
   - a  ein Fernsehprogramm.
   - b  einen Streamingdienst.
   - c  eine Sportsendung.

2  Das einfache Abo kostet
   - a  sechs Euro.
   - b  fünf Euro.
   - c  vierzehn Euro.

3  Wann kann man das Abo beenden?
   - a  Nach 14 Tagen.
   - b  Einmal im Monat.
   - c  Immer.

## 27 LESEN Lies den Text und schreib die Fragen.

**Jugendliche in den deutschsprachigen Ländern: Fernsehen ist out, streamen ist in**

Ihre Großeltern sehen meist noch fern. Sie selbst streamen gerne. Jugendliche in Deutschland, Österreich und der Schweiz finden Streamingdienste gut und praktisch. Sie sehen durchschnittlich 20 Stunden pro Woche Serien, Filme oder Fernsehsendungen. Doch das Fernsehprogramm ist nur noch für zwei Stunden pro Woche wichtig. Denn Sport oder Spielshows wie „Wer wird Millionär" oder „Germany's Next Top Model" sind immer noch beliebt, auch bei Jugendlichen.
Wir fragen Paul aus Dresden. Was sehen er und seine Familie gerne?

a  du fern streamst oder Siehst du, Paul? — *Siehst du fern oder streamst du, Paul?*
b  du denn streamst gerne Was?
c  du denn siehst Was im Fernsehen?
d  deine Eltern auch Streamen?
e  deine Großeltern sehen denn gerne Was?
f  fern sieht dein Großvater denn Wann meistens?

## 28 HÖREN Hör zu und schreib die Antworten zu den Fragen in Übung 27. 🔊 2/09

a  *streamen, selten fernsehen*
b
c
d
e
f

## 29 SCHREIBEN Streamen und fernsehen: Schreib über deine Familie.

Mein Vater
Er streamt
Im Fernsehen sieht er

Meine Mutter sieht

Meine Schwester / Mein Bruder


Meine Großeltern

---

**SCHREIBEN IN DER PRÜFUNG**

Beginne nicht alle Sätze mit dem gleichen Wort. Verwende Pronomen wie z.B. *er, sie* usw. Beginne die Sätze nicht immer mit dem Subjekt. So werden deine Texte interessant.

Zum Beispiel:
**Mein Vater** streamt und sieht fern. **Er** streamt gerne Krimi-Serien. **Im Fernsehen** sieht er gerne Sportsendungen. **Am Sonntag** sieht er immer das Sportstudio.

neunundneunzig 99

# 8 LERNWORTSCHATZ

| | | |
|---|---|---|
| A1a | • Krimi(nalfilm), der, -e | Ich schaue am liebsten Krimis. |
| A1d | streamen | Ich streame meine Lieblingsserie. |
| A2a | • Folge, die, -n | ○ Wie findest du die Serie? |
| | nach | ◆ Nach drei Folgen wird sie langweilig. |
| | • Laptop, der, -s | Sie schaut oft Serien am Laptop. |
| | ziemlich | ○ Wie schmeckt die Pizza? ◆ Ziemlich gut. |
| | gar nicht | = überhaupt nicht |
| | sofort | ○ Ich habe so Hunger! ◆ Das Essen kommt sofort. |
| | • Geschichte, die, -n | Großmutter erzählt eine Geschichte. |
| | hassen | Meine Schwester hasst Liebesfilme. |
| | zusammen | Wir spielen immer zusammen Basketball. |
| | alleine | ≠ zusammen |
| | dürfen → er darf | Mein Bruder ist zehn. Er darf keine Horrorfilme sehen. |
| A2b | bald | Ich bekomme bald einen Laptop. |
| | • Ende, das, -n | Der Film war okay. Das Ende war sehr gut. |
| B1a | • Sendung, die, -en | Die Sendung beginnt um 20:15 Uhr. |
| | • Dokumentation, die, -en | Ich finde Dokumentationen interessant. |

**B1a Fernsehsendungen**

• Nachrichtensendung, die, -en • Sportsendung, die, -en • Talkshow, die, -s • Spielshow, die, -s

| | | |
|---|---|---|
| | • Miniserie, die, -n | Ich mag die Miniserie „Die Heuschrecke", das ist eine tolle Geschichte. |
| | • Spielfilm, der, -e | Ich sehe sehr gerne Spielfilme. |
| | • Million, die, -en | Eine Million Euro sind viel Geld. |
| | • Thema, das, Themen | Wähl ein Thema und schreib einen Text. |
| B1b | beginnen | Wann beginnt das Fußballspiel? |
| B2a | • Video, das, -s | Sie macht jeden Tag ein Video. |
| B2b | ein·kaufen | Wir haben keine Chips mehr. Wir müssen einkaufen. |
| B3a | • Rad fahren | |
| | • Polizei, die (Sg.) | Kein Krimi ohne Polizei! |
| C1a | • Uhrzeit, die, -en | Kannst du mir die Uhrzeit sagen? |
| | halb | ○ Wann kommst du? ◆ Um halb sieben. |
| | vor/nach | Es ist Viertel vor acht. Es ist Viertel nach acht. |
| | abends | = am Abend |
| | morgens | = am Morgen |
| C1b | spät | ○ Wie spät ist es? ◆ Ich habe keine Ahnung. |
| C2b | fern·sehen | Meine Eltern sehen oft fern. |

# LERNWORTSCHATZ

| | | | |
|---|---|---|---|
| **D1a** | mit·kommen | | Wir wollen Billard spielen, kommst du mit? |
| | echt | | Die Dokumentation ist echt interessant! |
| | an·fangen → sie fängt an | | Die Schule fängt um halb neun an. |
| **D1c** | zu Hause | | Meine Eltern sind nicht zu Hause. |
| | gerade | | = jetzt |
| | zu | | Der Club ist zu. |
| | bleiben | | Ich gehe fort, du bleibst hier! |
| | • Lust haben | | ○ Willst du tanzen? ◆ Nein, ich habe keine Lust. |
| | • Nacht, die, ¨-e | | ≠ der Tag |
| **E1a** | mit·bringen | | Ich bringe Chips mit! |
| **E1b** | aus·sehen | | Der Schauspieler sieht sehr gut aus! |
| **E2a** | • Deutschstunde, die, -n | | Wann beginnt die Deutschstunde? |
| | zeigen | | Kannst du mir deine Hausaufgabe zeigen? |
| | ein·steigen | | |
| | aus·steigen | | |
| | nach Hause | | Ich will nach Hause. |
| | zu·sehen | | Darf ich zusehen? |
| | auf·machen | | |
| | zu·machen | | |
| ⊕ **1a** | • Wörterbuch, das, ¨-er | | Such die Wörter im Wörterbuch! |
| | • Kamera, die, -s | | Eine gute Kamera ist teuer. |
| | • Kasse, die, -n | | In der Kasse ist viel Geld. |
| ⊕ **1d** | • Titel, der, - | | Der Text hat einen guten Titel. |
| ⊕ **2** | mit·machen | | Ich möchte bei „Wer wird Millionär?" mitmachen. |
| | • Nachmittag, der, -e | | Am Nachmittag gehen wir ins Kino. |

## 7 + 8 | MODUL-PLUS

| | | | |
|---|---|---|---|
| **LL 1b** | warm | | ○ Ist das Essen noch warm? ◆ Ja, sicher. |
| | rufen | | Er ruft seinen Hund. |
| | plötzlich | | Plötzlich ist es dunkel. |
| | • Minute, die, -n | | Eine Stunde hat 60 Minuten. |
| | jeder/jedes/jede | | Jedes Kind mag Eis.  |
| | • Schwimmbad, das, ¨-er | | |
| | • Hobby, das, -s | | ○ Hast du Hobbys? <br> ◆ Ja, schwimmen und zeichnen. |
| | • Idee, die, -n | | ○ Spielen wir Fußball? ◆ Gute Idee! |
| **LL 1c** | • Fernseher, der, - | |  |
| | • Produkt, das, -e | | Die Firma verkauft ihre Produkte auch in Deutschland. |
| **P 1a** | pro | | Es gibt nur ein Stück pro Person. |
| | • Freizeit, die (Sg.) | | ○ Was machst du gerne in deiner Freizeit? <br> ◆ Serien streamen! |
| | surfen (im Internet) | | Er surft viel im Internet. |

einhunderteins 101

# TEST 7+8

**1** GRAMMATIK  Ergänze *sein/ihr*, *seine/ihre* oder *seinen/ihren*.

a Anna gewinnt gegen _ihren_ Bruder Jan. Jan spielt sehr schlecht Schach.
b Jakob kann nicht ohne _____ Handy sein.
c Eva kauft für _____ Vater Theaterkarten, er hat morgen Geburtstag.
d Ohne _____ Gitarre kann Alex nicht in der Band mitspielen.
e Lisa muss noch für _____ Pizzaparty einkaufen.
f Im Tischtennis gewinnt Tom immer gegen _____ Eltern.

von 5

**2** GRAMMATIK  Ordne zu und schreib Sätze mit *wollen*.

eine Pizza essen ★ ~~Ärztin werden~~ ★ gute Noten haben ★
Klavier lernen ★ Rettungsschwimmer werden

a Nicole macht Kurse in Medizin. Sie _will Ärztin werden_.
b Leon und Mia suchen ein Restaurant. Sie _____.
c Sina lernt für die Schule. Sie _____.
d Ich mag Musik. Ich _____.
e Tim schwimmt sehr gut. Er _____.

von 4

**3** GRAMMATIK  Unterstreiche die richtigen Formen.

a Haben Sie eine Fahrkarte? Ich muss [Ihre | deine] Fahrkarte kontrollieren.
b Was hast du da? Ist das [Ihr | dein] Handy?
c Was ist [deine | Ihre] Lieblingsmusik, Lisa?
d Sind Sie Herr und Frau Miller? [Kommen Sie | Kommt ihr] aus den USA?
e [Nehmt ihr | Nehmen Sie] Fisch oder Hamburger? Was möchtet ihr?

von 5

**4** GRAMMATIK  Ergänze mit Formen von *müssen*, *können*, *wollen* oder *dürfen*.

a _Kannst_ du einen Handstand machen, Tim?
b Max _____ Computerspiele spielen, aber er _____ für den Chemietest lernen.
c Was _____ du später werden Lisa? Architektin, so wie deine Mutter?
d Meine Schwester _____ *Sherlock* nicht sehen. Sie ist erst sieben Jahre alt.
e Sonja möchte Rettungsschwimmerin werden, aber sie _____ nicht gut schwimmen.
f Das ist eine Bibliothek. Sie _____ hier nicht laut sprechen.

von 6

**5** GRAMMATIK  Ergänze die trennbaren Verben.

aussehen ★ anfangen ★ mitkommen ★ aussteigen ★ anrufen

a Sie _sieht_ wie Julia Garner _aus_.
b Wir gehen Billard spielen. _____ du _____?
c Da ist die Schule. Tschüs. Ich _____ hier _____.
d ○ Wann _____ das Fußballspiel _____?
 ◆ Um acht.
e Da ist mein Handy. Ich _____ Leon _____.

von 4

102 einhundertzwei

# 7+8 TEST

PUNKTE

**6** WORTSCHATZ **Schreib die Farben.**

a Das Meer ist b_lau_.
b Meine Lieblingsfarbe ist _____ t.
c schwarz + weiß = g_____
d Die Orangen sind noch g_____.
e g_____ + blau = grün
f blau und rot = l_____

W von 5

**7** WORTSCHATZ **Was passt? Unterstreiche die richtigen Wörter.**

a Morgen haben wir einen Mathematiktest. Ich bin so  nervös | zufrieden .
b Hast du einen Apfel? Ich bin so  traurig | hungrig .
c Ihre Freundin will nicht kommen. Sie ist  traurig | lustig .
d Mein Test war sehr gut. Ich bin so  glücklich | wütend .
e Es ist schon Mitternacht. Ich bin  nervös | müde .
f Jan möchte ein Mineralwasser. Er ist  hungrig | durstig .

von 5

**8** WORTSCHATZ **Ergänze die offizielle oder inoffizielle Uhrzeit.**

| | **offizielle Uhrzeit** | **inoffizielle Uhrzeit** |
|---|---|---|
| a | Es ist 10:30 Uhr. | Es ist _halb elf_ am Vormittag. |
| b | Es ist 14:15 Uhr. | Es ist _____ am Nachmittag. |
| c | Es ist _____. | Es ist fünf vor elf in der Nacht. |
| d | Es ist _____. | Es ist fünf vor halb sieben am Morgen. |
| e | Es ist 17:45 Uhr. | Es ist _____ am Abend. |
| f | Es ist 19:10 Uhr. | Es ist _____ am Abend. |

von 5

**9** ALLTAGSSPRACHE **Ergänze.**

> Komm doch mit ★ ~~Wie bitte~~ ★ Entschuldigen Sie ★
> echt toll ★ Einen Moment bitte ★ Ist jetzt alles in Ordnung

a ○ Sie brauchen einen Fahrschein. ◆ _Wie bitte_? Können Sie das noch einmal sagen?
b ○ _____, wo ist das Museum? ◆ Tut mir leid, das weiß ich nicht.
c ○ Leon, wir gehen Billard spielen. _____!
d ○ Haben Sie eine Fahrkarte? ◆ _____, ich habe sicher eine Fahrkarte.
e ○ Hier ist meine Hausaufgabe. _____?
   ◆ Ja, jetzt habe ich alle deine Hausaufgaben.
f ○ Siehst du auch gern *Witches*? ◆ Ja, die Serie ist _____.

A von 5

| G | W | A | **Wie gut bist du schon?** |
|---|---|---|---|
| 20–24 | 12–15 | 5 | 😃 Sehr gut! |
| 14–19 | 8–11 | 3–4 | 🙂 Okay! |
| 0–13 | 0–7 | 0–2 | 😐 Na ja. Das übe ich noch. |

# 9 Wo ist das nur?

## A  TEXT

**1** Was weißt du noch?
Ergänze die Sätze. Welche Stadt passt? A2  KB S. 90–91

> **1** nach Gizeh  ★  **2** auf dem Empire State Building  ★
> **3** im Maracanã Stadion  ★  **4** zur Freiheitsstatue  ★
> **5** im Schiffsrestaurant „Kleopatra"  ★  **6** die Sphinx
> und die Pyramiden  ★  **7** zur Christusstatue

**a**  Fahren Sie mit der Zahnradbahn ___7___ auf dem Corcovado.
Sehen Sie am Abend ein Fußballspiel _____ .
Die Stadt heißt: _____

**b**  Beginnen Sie Ihre Tour _____ .
Fahren Sie mit dem Schiff _____ auf Liberty Island.
Die Stadt heißt: _____

**c**  Fahren Sie mit dem Bus _____ . Dort sehen Sie _____ .
Am Abend essen Sie ägyptische Spezialitäten _____
direkt auf dem Nil.
Die Stadt heißt: _____

Kairo

Rio de Janeiro

New York

## B  GRAMMATIK | Verkehrsmittel · Dativ, Präpositionen mit Dativ

**2** Finde neun + eins Verkehrsmittel. Schreib den Plural. B1

| Z | U | F | U | S | S | K | A | U | T | F |
|---|---|---|---|---|---|---|---|---|---|---|
| B | U | S | R | A | U | T | O | B | E | A |
| I | T | C | A | X | I | O | L | A | L | H |
| Z | A | H | N | R | A | D | B | A | H | N |
| U | X | I | U | - | B | A | H | N | I | G |
| G | I | F | A | H | R | R | A | D | N | U |
| L | N | F | L | U | G | Z | E | U | G | S |

ß = ss

*das Schiff – die Schiffe*

104  einhundertvier

## 9

**3** Ergänze die Tabelle. B1

> dem Bus ★ der U-Bahn ★ den Bus ★ ~~die U-Bahn~~ ★ den Fahrrädern ★
> dem Flugzeug ★ das Flugzeug ★ die Fahrräder

| Nominativ | Akkusativ | Dativ |
|---|---|---|
| der Bus | Ich nehme | Ich fahre mit |
| das Flugzeug | Ich nehme | Ich fliege mit |
| die U-Bahn | Ich nehme *die U-Bahn*. | Ich fahre mit |
| die Fahrräder | Sie nehmen | Sie fahren mit |

**4** Ergänze die Verkehrsmittel. B1

a   Ich fahre    *mit* _____ .

b   Veronika fährt  _____ .

c   Florian und Lisa fahren  _____ und  *gehen* _____ .

d   Patrick fährt _____ .

**5** Welche Verkehrsmittel nehmen die Personen? Schreib Sätze. B1

*Marcel und Jule fahren* _____   *Nadine* _____   *Herr und Frau Rother* _____   *Lena und Lars* _____

**6** Überall Fahrräder! Beschreibe das Bild. B2

> auf ★ vor ★ hinter ★ unter ★ neben ★ zwischen

*Hinter dem Bus sind zwei Fahrräder.*
*Vor*

**7** Wo ist das nur? Hör die Dialoge, sieh die Bilder an und schreib Sätze.

a  Das Handy ist nicht _____,
   es liegt _neben dem Stuhl_ .

c  Das Auto ist nicht _____,
   es ist _____

b  Die Pizzeria ist nicht _____,
   sie ist _____ .

d  Die Zeitschrift ist nicht _____ und
   nicht _____
   Sie ist _____

**8** Schau die beiden Bilder an, vergleiche sie und schreib 10 Sätze.

(1)

a  *Der Computer steht* _____ .
b  *Der Stuhl* _____ .
c  *Die Bücher* _____ .
d  *Der Kugelschreiber* _____ .
e  *Die Lampe* _____ .

(2)

f  *Der Computer steht auf dem Boden.*
g  *Der Stuhl* _____ .
h  _____
i  _____
j  _____

## C  WORTSCHATZ UND GRAMMATIK | Plätze in der Stadt · Präpositionen mit Dativ

**9** Welcher Ort passt zum Bild? Schreib auch die Artikel und den Plural.

 A
 B
 C
 D
 E

*der Park,*
*die Parks*

 F
 G
 H
 I

**10** Schau den Stadtplan an und ergänze die Sätze. Was ist wo? `C2`

a Das Krankenhaus ist _neben der_ Bibliothek.
b Der Park ist _____.
c Die Apotheke ist _____.
d Die Bibliothek ist _____ und _____.
e Die Haltestelle ist _____.

**11** Gute Plätze für Skater. Ergänze *beim* oder *bei der*. `C2`

a _bei der_ Schule
b _____ Supermarkt
c _____ Fabrik
d _____ Museum
e _____ Bahnhof
f _____ Rathaus
g _____ Fluss (auch: am)
h _____ Strand (auch: am)

**12** Wo sind die Personen? Hör zu und schreib die Orte *(im … / in der …)*. `C2` 🔊 2/11

| Club ★ Schule ★ Krankenhaus ★ Park ★ Supermarkt ★ Apotheke |

Situation 1: _____   Situation 4: _____
Situation 2: _____   Situation 5: _____
Situation 3: _____   Situation 6: _____

## D HÖREN: ALLTAGSSPRACHE

**13** Was weißt du noch? Unterstreiche die richtigen Wörter und vergleiche. `D2` 🔍 KB S. 95

a Die Touristen möchten zum Eisenbahnmuseum | zum Sportplatz | zum Bahnhof .
b Jan und Sophie kennen das Museum | die Waldgasse | den Sportplatz nicht.
c Das Museum ist in der Waldgasse | beim Bahnhof | bei der Apotheke .
d Die Waldgasse ist beim Hotel „Albatros" | bei der Post | bei der Apotheke links.
e Die Touristen kommen vom Hotel „Albatros" | vom Bahnhof | aus Italien .
f Die Touristen suchen das Eisenbahnmuseum alleine | mit Jans Hilfe | mit Sophies Hilfe .

# 9

## 14 Was passt? Ordne zu und ergänze dann die Dialoge. D2

| Wie ... | gibt |
| Ich ... | sicher nicht. |
| Da bin ich ... | kommen wir |
| Es ... | vergesse |
| Gern ... | ganz sicher. |
| das stimmt ... | geschehen. |

○ Entschuldige, wir suchen den Sportplatz. _Wie kommen wir_ zum Sportplatz?

◆ Der Sportplatz ist in der Parkstraße.

○ Nein, a _____ Der Sportplatz ist in der .... Ach, wie heißt die Straße? b _____ die Adresse immer.

◆ Ihr möchtet zum Sportplatz in der Kirchenstraße. c _____ hier nur einen Sportplatz. Dort ist die Kirchenstraße, aber auch die Parkstraße. d _____ Ihr müsst hier geradeaus gehen, und bei der Apotheke nach links.

○ Vielen Dank.

◆ e _____

## E GRAMMATIK | Präpositionen mit Dativ: zu, nach, von

### 15 Wo?, Wohin? oder Woher? Ergänze. E2

a  ○ _____ möchten Sie?  ◆ Wir möchten zum Stadttheater.
b  ○ _____ ist Philipp?  ◆ Er ist im Kino.
c  ○ _____ kann man hier gut Rad fahren?  ◆ Am Fluss ist ein Radweg.
d  ○ _____ wohnst du?  ◆ In Leipzig.
e  ○ _____ müssen wir jetzt gehen?  ◆ Ich denke, wir müssen nach links.
f  ○ _____ kommt ihr?  ◆ Wir kommen von der Schule.
g  ○ _____ kommen Julia und María?  ◆ Sie kommen aus Spanien.
h  ○ _____ triffst du Erik?  ◆ Vor der Schule.
i  ○ _____ ist die Post?  ◆ Neben der Schule.
j  ○ _____ ist die Party am Wochenende?  ◆ Bei Paul.

### 16 Wann muss Philipp wohin? E2

Am Morgen _muss er zum Supermarkt._
Am Vormittag _____ und _____
Am Mittag _____
Am Nachmittag _____
Am Abend _____

Bahnhof (12:00)
Post (9:30)
Gitarrenstunde (16:00)
Supermarkt (8:00)
Apotheke (10:00)
Fußballtraining (19:00)

**17** *Zu, zum, zur* oder *nach*? Setze die richtigen Wörter ein.

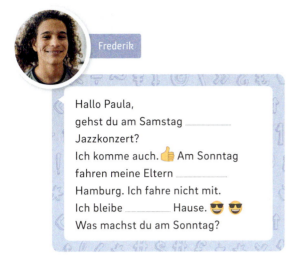

Frederik:
Hallo Paula,
gehst du am Samstag _____ Jazzkonzert?
Ich komme auch. 👍 Am Sonntag fahren meine Eltern _____ Hamburg. Ich fahre nicht mit. Ich bleibe _____ Hause. 😎😎
Was machst du am Sonntag?

Linda:
Wir finden die Münsterstraße nicht. 🙍 Müssen wir bei der Apotheke _____ links oder _____ rechts?
Wie weit ist es dann noch _____ Sportplatz? 🤔

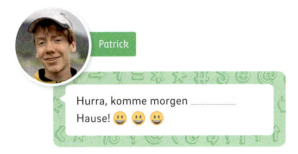

Patrick:
Hurra, komme morgen _____ Hause! 😀😀😀

Mama:
Hallo Teresa,
kannst du am Nachmittag _____ Apotheke, _____ Post und _____ Supermarkt gehen?
Ich kann nicht, ich muss heute bis 18 Uhr arbeiten. 🙄

**18** Woher? Ergänze *aus, von, vom* und die Nomen.

Schweden ★ Fußballspiel ★ ~~Fußballtraining~~ ★ dem Haus ★ dem Iran ★ Noahs Geburtstagsparty

a ○ Du siehst müde aus. Woher kommst du?
  ◆ Ich komme *vom Fußballtraining*.

b ○ Ich komme aus Deutschland, und du, Emil?
  ◆ Ich komme _____.

c ○ Woher kommst du so spät? Es ist schon halb zwölf!
  ◆ Ich komme _____.

d ○ Da wohnt Jonathan. Ist er zu Hause?
  ◆ Ja, schau, er kommt gerade _____.

e ○ Woher kommt ihr?
  ◆ _____, 4:1 für Freiburg, super!

f ○ Lejla spricht nur Persisch. Sie kommt _____.

**19** *Von, nach, zum.* Schreib 8 Fragen und Antworten.

○ Wie weit ist es nach Eisenau?
◆ 56 Kilometer.

○ Wie weit ist es vom Schwimmbad zum Tennisplatz?
◆ 200 Meter.

**WORTSCHATZ**

Zeichne Bilder oder Diagramme zu den neuen Wörtern. So lernst du neue Wörter schneller.

Zum Beispiel:
auf

Mach auch Zeichnungen für diese Wörter:
*vor, neben, hinter, in, über, unter, zu/nach, von/aus, bei/an*

a ○
◆

b ○
◆

c ○
◆

d ○
◆

e ○
◆

f ○
◆

g ○
◆

h ○
◆

**20** Die Touristen sind am Marktplatz. Wohin möchten sie gehen? Schau auf den Plan und ergänze den Dialog.

○ Entschuldigung, wie kommen wir zum **a** Bahnhof ?
◆ Gehen Sie geradeaus und
bei der **b** _____ nach links.
Der **c** _____ ist
neben der **d** _____ .
○ Gibt es hier auch eine **e** Apotheke ?
◆ Ja, die nächste **f** _____ ist
in der **g** _____ . Gehen Sie geradeaus
und nach der **h** _____ nach rechts.
Die **i** _____ ist neben der
**j** _____ .
○ Vielen Dank!
◆ Gern geschehen.

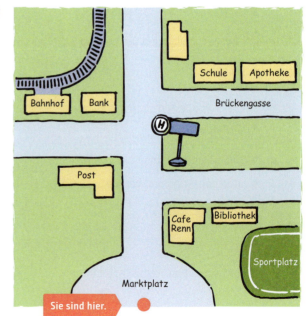

**21** Der Tourist möchte von der Schule zur Bibliothek, Hannes muss vom Bahnhof zum Sportplatz. Schau noch einmal auf den Plan in Übung **20** und schreib Dialoge. E2

Tourist: *Entschuldigen Sie,*
Du: *Gehen Sie*


Hannes: *Entschuldige,*
Du: *Geh*


## AUSSPRACHE | *e* betont und nicht betont

**22** Hör zu. Markiere zunächst den Wortakzent. 🔊 2/12

a G<u>e</u>hen Sie ...   c Apotheke   e Schule   g Touristen   i fahren
b Gern geschehen   d neben   f Bibliothek   h Fahrer

**23** Hör noch einmal und sprich nach. Achte auf den Buchstaben „e".
Wo hörst du /e/, wo hörst du /ə/, wo hörst du gar nichts /–/? 🔊 2/12

/e/: *Gehen,*

/ə/: *Gehen,*

/–/: *Sie,*

**24** Regel: Wann spricht man /e/, /ə/ oder /–/? Kreuze an.

|  | /e/ | /ə/ | /–/ |
|---|---|---|---|
| Das „e" ist betont: Biblioth<u>e</u>k | ○ | ○ | ○ |
| Das „e" ist nicht betont: F<u>a</u>hrer | ○ | ○ | ○ |
| Das „e" steht nach einem „i": Sie | ○ | ○ | ○ |

# FERTIGKEITENTRAINING

**25** LESEN  Lies die Texte und ergänze die Sätze.

Laura mag eigentlich keine Fernsehserien. Aber die Serie „Der Bergdoktor" sieht sie dann doch manchmal. Laura wohnt in Scheffau, in Österreich. Dort spielt die Serie.
Die kleine Stadt hat nur 1200 Einwohner. Sie liegt in den Tiroler Bergen. Es gibt einige Hotels und Restaurants in Scheffau, aber es gibt nicht viele Geschäfte. Es gibt kein Einkaufszentrum und auch kein Schwimmbad, aber es gibt einen kleinen Bergsee. Er ist wunderschön, aber auch ziemlich kalt.
Laura kann sehr gut Ski fahren. Deshalb besucht sie das Skigymnasium in Stams. Sie wohnt auch in der Schule. Stams ist 140 km von Lauras Heimatort entfernt. Deshalb kann Laura ihre Freunde in Scheffau nur selten sehen, aber sie chatten oft und lange.

Die Fernsehserie „Gute Zeiten, schlechte Zeiten" spielt in Berlin. Das Café „Mocca" aus der Serie ist nur wenige hundert Meter von Björns Wohnhaus entfernt. **Björn** mag die Serie, und er mag auch Berlin. Es gibt so viele Geschäfte, Cafés und Restaurants in Berlin. Es gibt Theater, Kinos und über 175 Museen.
Björn wohnt im Zentrum von Berlin. Mit der U-Bahn braucht er nur wenige Minuten und er ist am Potsdamer Platz. Dort ist auch Björns Lieblingsmuseum, das Filmmuseum.

a _____ ist klein.
b _____ liegt in Österreich, _____ liegt in Deutschland.
c In Scheffau gibt es kein _____ und kein _____, aber einen See.
d Lauras Schule ist _____ von _____ entfernt.
e _____ fährt in _____ oft mit der U-Bahn.
f _____ kann gut Ski fahren, deshalb besucht sie das _____ in Stams.
g _____ wohnt jetzt in _____, deshalb muss sie mit ihren Freunden chatten.
h Die Fernsehserie „_____" spielt in Lauras Heimatstadt, die Serie „Gute Zeiten, schlechte Zeiten" spielt in _____ .
i _____ ist oft am Potsdamer Platz.

**26** In einer Millionenstadt oder lieber in einer Kleinstadt leben? Was ist positiv, was ist negativ? Sammle Ideen.

|  | positiv 🙂 | negativ 🙁 |
|---|---|---|
| Scheffau, 1200 Einwohner | Berge, | kein Kino, |
| Berlin, 3,6 Millionen Einwohner | viele Geschäfte, | viele Autos, |

**27** HÖREN Hör die Interviews mit Laura und Björn. Richtig oder falsch? Schreib die falschen Sätze richtig. 🔊 2/13–14

> **HÖREN IN DER PRÜFUNG**
>
> Lies die Sätze in der Aufgabe genau. Du weißt dann schon etwas über den Text.
>
> Zum Beispiel:
> *Laura findet das Leben in Scheffau langweilig.*
> Du weißt jetzt: Der Text erzählt, was Laura über Scheffau denkt. Jetzt musst du im Hörtext verstehen: Ist das Leben in Scheffau für Laura langweilig oder interessant?

|  | richtig | falsch |
|---|---|---|
| 1  Laura findet das Leben in Scheffau langweilig. | ○ | ○ |
| 2  Laura kennt alle Einwohner von Scheffau. | ○ | ○ |
| 3  Laura findet ihre Schule schlecht. | ○ | ○ |
| 4  Björn ist sehr oft im Kino oder im Theater. | ○ | ○ |
| 5  Björn findet, es gibt in Berlin zu viele Attraktionen. | ○ | ○ |
| 6  Björn findet sein Wohnhaus schön. | ○ | ○ |

**28** HÖREN Hör die Interviews noch einmal und ergänze Lauras und Björns Argumente in der Tabelle in Übung **26**. 🔊 2/13–14

# 9 LERNWORTSCHATZ

**A1a**
- Milliarde, die, -n
- Erde, die *(Sg.)*
- Millionenstadt, die, ¨-e
- Weltstadt, die, ¨-e

**A1b**
- Einwohner, der, -
- Einwohnerin, die, -nen

liegen

**A1c**
- Karte, die, -n

**A2a**
- Sehenswürdigkeit, die, -en

am (an + dem)

baden

von

- Theater, das, -

**A2b**
- Vormittag, der, -e
- Spaziergang, der, ¨-e

spazieren gehen

direkt

- Stadtzentrum, das, Stadtzentren

hoch

**A2c** oben

**B1a**
- Verkehrsmittel, das, -
- U-Bahn, die, -en

zu Fuß

fliegen

**B2a**
- Rathaus, das, ¨-er
- Platz, der, ¨-e
- Kirche, die, -n

○ Wie viele Menschen leben auf der **Erde**?
◆ 7,9 **Milliarden** Menschen.

Shanghai ist eine **Millionenstadt**.
New York ist eine **Weltstadt**.

○ Wie viele **Einwohner** hat Graz?
◆ Circa 290 000.

○ Wo **liegt** Kairo? ◆ In Ägypten.

Das Rathaus in Hamburg ist eine **Sehenswürdigkeit**.
**Am** Strand **baden** viele Touristen.

Hast du eine Karte **von** Österreich?
Wir gehen am Abend ins **Theater**.
Am **Vormittag** sind wenig Touristen hier.
○ Machen wir einen **Spaziergang**? ◆ Gerne!
Ich **gehe** gerne am Strand **spazieren**.
○ Wo ist das Café? ◆ **Direkt** am Bahnhof.
Beginnen Sie Ihre Tour im **Stadtzentrum**.

Die Christusstatue ist 30 Meter **hoch**.
Die Stadt von **oben** ist wunderschön.
Auch das Fahrrad ist ein **Verkehrsmittel**.
Die **U-Bahn** fährt sehr schnell.

Viele Touristen **fliegen** mit dem Flugzeug.
Neben dem **Rathaus** ist eine Bank.
Der **Platz** ist zwischen dem Fluss und dem Park.
Die Frauen**kirche** in München ist circa
100 Meter hoch.

**B2c** Wo? Präpositionen + Dativ

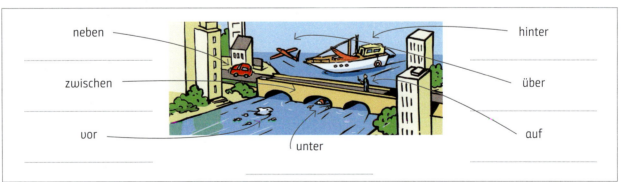

**B2d** rechts
links

**B3a** willkommen
an + Dativ
bei + Dativ

**C1a** in + Dativ

**Willkommen** in Berlin!
Berlin liegt **an** der Spree.
Beginne deine Tour **beim** Hotel.
Gehen Sie **im** Central Park spazieren.

# LERNWORTSCHATZ

**C1a+b**

**Plätze in der Stadt**

 • Apotheke, die, -n
 • Bahnhof, der, ⸚e
 • Bank, die, -en
 • Fabrik, die, -en
 • Flughafen, der, ⸚

 • Geschäft, das, -e
 • Haltestelle, die, - n
 • Krankenhaus, das, ⸚er
 • Post, die *(Sg.)*
 • Park, der, -s

• Café, das, -s — Der Kuchen im Café „Stern" ist toll!
• Sportplatz, der, ⸚e — Wir treffen uns auf dem Sportplatz.
• Supermarkt, der, ⸚e — Wo ist hier ein Supermarkt?

**C1c** weit — ○ Wie weit ist es noch? ◆ Nicht weit!
der / das / die nächste — Der nächste Supermarkt ist beim Bahnhof.
circa (ca.) — Österreich hat circa 9 Millionen Einwohner.
• Kilometer (km), der, - — Der Strand ist nur wenige Kilometer entfernt.
entfernt
nah(e) — ○ Wie weit ist die nächste Post entfernt?
◆ Sie ist ganz nah, nur 400 Meter entfernt!

**C2a** • Ort, der, -e — ○ Wo bist du geboren?
◆ Mein Geburtsort ist Bern.
• Plan, der, ⸚e

**D1a** geradeaus — ○ Entschuldigung, wie komme ich zum Krankenhaus? ◆ Links, dann geradeaus.

**D2a** geschlossen
**D2c** eigentlich — ○ Möchtest du mitkommen?
◆ Eigentlich nicht.
von + Dativ — ○ Woher kommt ihr? ◆ Vom Flughafen.
**E1c** • Weg, der, -e — Der Weg ist weit.
wohin — ○ Wohin möchten Sie? ◆ Zum Museum.
**E2c** lange — ○ Wie lange brauchst du zur Haltestelle?
◆ Fünf Minuten zu Fuß.
• Schulweg, der, -e — Mein Schulweg ist sehr lang.
⊕1 • Spiel, das, -e — Schach ist ein Spiel.
• Altstadt, die, ⸚e — Die Altstadt von München ist wunderschön.
• Kaffeehaus *(A)*, das, ⸚er — In Wien gibt es viele Kaffeehäuser.
• Einkaufszentrum, das, Einkaufszentren — Magst du Pizza? Im Einkaufszentrum gibt es eine gute Pizzeria.
⊕2a • Meinung, die, -en — Was denkst du? Was ist deine Meinung?
nie — Ich fahre nie mit der U-Bahn.

# 10 Glaubst du das?

## A TEXT

**1** Was weißt du noch? Lies das Interview und ergänze.  A2  KB S. 99

| China ★ Qi ★ erklären ★ 349 ★ Schmerzen ★ 3000 ★ Akupunkturpunkte |

○ Herr Doktor Pölling, Sie sind Spezialist für Akupunktur. Wie arbeiten Sie als Akupunkturarzt?

◆ Die Patienten erklären ihr Problem, dann suche ich die richtigen _____ und setze Akupunkturnadeln.

○ Warum setzen Sie die Nadeln?

◆ Wir Akupunkturärzte glauben, das ist gut für das _____ im Körper.

○ Was ist Qi?

◆ Wir können Qi nicht _____, aber wir wissen, Akupunktur hilft. Viele Menschen haben nach der Akupunktur keine _____ mehr.

○ Wie viele Akupunkturpunkte gibt es?

◆ Die Medizin in China kennt _____ Akupunkturpunkte. Die Akupunktur kommt ja aus _____ und ist schon _____ Jahre alt.

## B WORTSCHATZ | Körperteile, Monatsnamen, Jahreszeiten

**2** Kannst du die Wörter lesen? Finde die Namen für die Körperteile und schreib sie mit Artikel an die richtige Stelle. Schreib auch den Plural.  B1

| Kopf ★ Hals ★ Arm ★ Hand ★ Finger ★ Bein ★ Fuß ★ Zeh ★ Brust ★ Bauch ★ Rücken |

**3** *Sein* oder *ihr*? Was tut weh? B2

~~Kopf~~ ★ Hals ★ Bein ★ Bauch ★ Finger ★ Zehen

A · B · C · D · E · F

D: Ihr Kopf tut weh.

**4** Hör zu. Wer hat welche Probleme? Schreib Sätze. B2 2/15

~~Fußball spielen~~ ★ ins Kino gehen ★ einkaufen gehen ★ sprechen ★ essen ★ Gitarre spielen ★
Fuß ★ Hand ★ Schnupfen ★ Bauch ★ Hals ★ Kopf

Situation 1: Markus kann nicht Fußball spielen. Sein
Situation 2: Karla
Situation 3: Frau Huber
Situation 4: Melissa
Situation 5: Veronika
Situation 6: Mathias

**5** Finde die Monatsnamen (1–7) und löse das Kreuzworträtsel. Wie heißen die Monate 8 und 9? B3

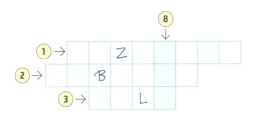 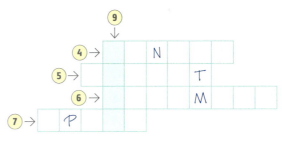

**6** Drei Monate fehlen im Kreuzworträtsel. Wie heißen sie? B3

**7** Wie heißen die vier Jahreszeiten? Schreib die Namen. B4

a  S + O + N =       b  M + A + M =       c  D + J + F =       d  J + J + A =

einhundertsiebzehn  117

# 10

**8** Was machst du in den vier Jahreszeiten? Schreib für jede Jahreszeit einen Satz. B4

*Im Sommer bin ich oft im Schwimmbad. Im Winter*

## C GRAMMATIK | Ordinalzahlen

**9** Wie heißt der Monat? Löse und ergänze die Rätsel. C1

a Der vierte Buchstabe ist ein **u**, der sechste Buchstabe ist ein **t**: _____

b Der zweite Buchstabe ist ein **a**, der dritte Buchstabe ist ein **n**: _____

c Der dritte Buchstabe ist ein **u**, der achte Buchstabe ist ein **r**: _____

d Der erste Buchstabe ist ein **s**: _____

e Der _____ Buchstabe ist ein _____, der _____ Buchstabe ist ein _____ : *A___ri*

f Der _____ Buchstabe ist ein _____,
der _____ Buchstabe ist ein _____, der *dritte* Buchstabe ist ein *i* : _____

**10** Ergänze die Tabelle. C1

| | | | |
|---|---|---|---|
| 5 | fünf | 5. | der/die/das fünfte |
| 14 | vierzehn | | |
| | | | der/die/das zweite |
| 1 | | | |
| | | 3. | |
| 42 | | | |
| 51 | | | |
| | dreiundsechzig | | |
| | sieben | | |

**11** Hör die Dialoge. Notiere Tag und Monat. C2 🔊 2/16

a Klassenparty: *3. Mai*   c Konzert: _____   e Basketballspiel: _____

b Geburtstag: _____   d Herbstferien: _____   f Klassenarbeit: _____

**12** Schreib Sätze mit den Informationen aus 11. C2

a *Die Klassenparty ist am dritten Mai.*

b *Melanies Geburtstag*

c _____

d *Die Herbstferien beginnen*

e _____

f _____

118  einhundertachtzehn

## 10

**13** Persönliche Fragen. Schreib die Antworten. C2

a Wann hast du Geburtstag? _Am_ _____
b Wann hat dein Vater Geburtstag? _____
c Wann hat deine Mutter Geburtstag? _____
d Wann hat dein bester Freund/ deine beste Freundin Geburtstag? _____
e Wann beginnen die Ferien? _____

**14** Welches Wort passt? C2

> im (6x) ★ am (5x) ★ um (3x)

In meinem Land beginnt das Schuljahr **a** _____ September. Die Schule beginnt jeden Tag **b** _____ halb acht **c** _____ Morgen. **d** _____ Winter ist es da manchmal noch dunkel. Normalerweise haben wir jeden Tag sechs Stunden Schule, aber **e** _____ Mittwoch haben wir **f** _____ Nachmittag Sport. Ich bin meistens **g** _____ zwei Uhr zu Hause, nur **h** _____ Donnerstag habe ich **i** _____ halb sechs noch Basketballtraining. Da bleibe ich **j** _____ Nachmittag in der Schule. Ferien haben wir **k** _____ Sommer, **l** _____ Winter und **m** _____ Frühling. Die Sommerferien beginnen **n** _____ Juli, und dann haben wir acht Wochen frei.

_Jannik_

### AUSSPRACHE | Verbindung von Wörtern

**15** Hör zu und sprich nach. 🔊 2/17

a Am‿Montag   im‿Mai   Und‿du?   Wann hast‿du Geburtstag?
  Ist‿das seine Party?   Wann ist die Klassenarbeit?   Kommst‿du mit‿dem Bus?

b im ‖August   am Wochen‖ende   um ‖acht   der ‖erste ‖elfte
  am ‖achten ‖April   Hans ‖und ‖Anna haben heute Geburtstag.   Mein ‖Arm tut weh.

**16** Ergänze ‿ oder ‖. Hör zu und sprich nach. 🔊 2/18

Hast ○ du am ○ Mittwoch Zeit?        Was machst ○ du am Wochenende?
Im ○ April haben wir acht ○ Tage Ferien.   Wie ○ alt bist ○ du?

einhundertneunzehn 119

# 10

## D  HÖREN: ALLTAGSSPRACHE

**17** Was weißt du noch? Finde noch sieben Fehler und korrigiere die Sätze.  D1  KB S. 103

a  Es ist ~~Mittwoch~~, der Dreizehnte.  *Freitag*

b  Irene und Henriette gehen zum Supermarkt.

c  Irene erzählt, ihr Handy war heute Morgen kaputt.
   Sie ist sicher, das bringt Unglück.

d  Die Mädchen sehen einen Kaminkehrer. Auch das bringt Unglück, meint Irene.

e  Irene sucht ihr Biologiebuch, aber sie kann es nicht finden. Heute ist ein
   Biologietest. Auch Henriette meint, der Tag wird kein Glückstag.

f  Es ist noch genug Zeit, und die Mädchen laufen.

g  Irene sieht ein Fahrrad nicht, aber Henriette ruft „Achtung!" und Irene
   bleibt stehen. „Das war Glück!", meinen die beiden.

Henriette  Irene

**18** Was passt? Ordne zu und ergänze dann den Dialog.  D1

| Das gibt ... | Alex, |
| Ja, ... | ist los? |
| Achtung ... | für ein Tag, Alex? |
| laufen ... | pünktlich sein. |
| Was ... | es nicht. |
| Was ist heute ... | wir! |
| Wir können noch ... | und? |

○ **a** _____

◆ Donnerstag. Donnerstag, der zwölfte Mai.

○ Alex, heute ist der zwölfte Mai!

◆ **b** _____

○ Heute ist das Konzert, es beginnt um 19:00 Uhr!

◆ Und jetzt ist es halb sieben.

   **c** *Wir können noch pünktlich sein.*

○ Ja komm, **d** _____
   Ich möchte nicht zu spät kommen.

◆ Warte einen Moment.

○ **e** _____

◆ Die Karten. Gestern hatte ich sie noch.
   Jetzt sind sie weg.

○ Das auch noch!

◆ Wo sind sie nur? **f** _____
   Die Karten können nicht weg sein. Warte, vielleicht
   sind sie in der Tasche. ... Ja, hier sind sie.
   Gut, laufen wir.

○ **g** _____
   das Auto!

◆ Das war Glück!

---

**LERNTIPP – ALLTAGSSPRACHE**

Denk an verschiedene Situationen und mach kurze Dialoge.
Du musst die Dialoge nicht schreiben.

Zum Beispiel:
„Laufen wir! Das Fußballspiel fängt gleich an." oder:
„Gehen wir. Es ist schon spät."

## E WORTSCHATZ UND GRAMMATIK | Aktivitäten am Morgen • Präteritum von *sein, haben*

**19** Am Morgen. Wann machen die Jugendlichen was? Ergänze die Tabelle und schreib Sätze.

aufstehen ★ frühstücken (2x) ★ schlafen (3x) ★ Schwester wecken ★ Kleider anziehen (4x) ★ duschen

|  | Lukas | Anna | Julian | Paula |
|---|---|---|---|---|
| 6:30 Uhr | a | schl | Sch w | schl |
| 6:45 Uhr | fr | Kl an | d | schl |
| 7:00 Uhr | Kl an | fr | Kl an | Kl an |

Um sechs Uhr dreißig steht Lukas auf. Um

**20** Der Unterricht beginnt um sieben Uhr dreißig. Wer von den Jugendlichen in **19** kommt *vielleicht* zu spät, wer kommt *sicher* zu spät?

**21** Bus oder Zug? Vergleiche die Fahrpläne und ergänze den Text.

**BUSFAHRPLAN**

| Eisenau | Birkfeld | Oberwölz | Wölz | Neudau |
|---|---|---|---|---|
| 6:10 | 6:30 | 6:50 | 7:00 | 7:10 |
| 6:20 | 6:40 | 7:00 | 7:10 | 7:20 |

**ZUGFAHRPLAN**

| Birkfeld | Oberwölz | Wölz | Neudau |
|---|---|---|---|
| 5:35 | 5:45 | 5:55 | 6:00 |
| 6:35 | 6:45 | 6:55 | 7:00 |

Christina wohnt in Eisenau. Sie muss um ___6:45___ in Oberwölz sein. Sie kann um _____ den Bus von Eisenau nach Birkfeld nehmen. Der Bus kommt um _____ Uhr in Birkfeld an. Dort kann sie den Zug nach Oberwölz nehmen. Der Zug fährt um _____ in Birkfeld ab und kommt um _____ in Oberwölz an.

**22** Wie können Sophie und Patrick fahren? Sieh noch einmal die Fahrpläne in **21** an und beschreibe den Weg.

Sophie und Patrick wohnen auch in Eisenau.
Patrick muss um 7:00 in Wölz sein. (2 Möglichkeiten)
Sophie muss um 7:15 in Neudau sein. (2 Möglichkeiten)

*Patrick kann den Bus um ... in ... nehmen. ...*

kann ... nehmen ★ fährt ... ab ★ kommt ... an

## 23 Ergänze die Tabelle.

|  | gestern, vor zwei Stunden ... | jetzt, morgen |  | gestern, vor zwei Stunden ... | jetzt, morgen |
|---|---|---|---|---|---|
| ich |  |  | wir |  |  |
| du |  |  | ihr |  |  |
| er, es, sie, man | war | ist | sie, Sie |  |  |

## 24 Was passt? Ergänze.

a  vor drei Tagen ★ heute   _____ ist der fünfte sechste, _____ war der zweite sechste.

b  Dienstag ★ Sonntag  ○ Ist heute der fünfzehnte oder der sechzehnte?
  ◆ Heute ist Dienstag, _____ war der dreizehnte, also ist heute _____, der fünfzehnte.

c  vor zwei Stunden ★ halb zwei   _____ war es halb zwölf, jetzt ist es _____.

d  der März ★ der Januar und Februar   _____ waren sehr schön, aber _____ ist sehr kalt.

e  gestern ★ morgen   _____ war der siebte Mai, _____ ist der neunte.

f  zehn vor vier ★ vor zehn Minuten   ○ _____ war es Viertel vor vier.
  ◆ Nein, deine Uhr geht fünf Minuten vor. Jetzt ist es _____, nicht fünf vor vier.

g  elf Uhr ★ zehn Uhr   Um _____ war das Kino aus. Jetzt ist es _____ und sie sind noch nicht zu Hause.

## 25 Ergänze die richtigen Formen von *sein*.

○ Was **a** ist los, Irene?

◆ Mein Maskottchen **b** _____ weg, vor fünf Minuten **c** _____ es noch da, aber jetzt **d** _____ es weg.

○ Wo **e** _____ ihr gestern? Warum **f** _____ ihr nicht auf der Party?

◆ Wir **g** _____ zu Hause, wir **h** _____ zu müde für die Party.

○ Das Foto **i** _____ lustig. Da **j** _____ du noch ziemlich klein. **k** _____ das dein Maskottchen?

◆ Ja, ich denke, ich **l** _____ fünf und das **m** _____ mein Glücksschwein.

## 26 Schreib die Fragen zu den Antworten.

a  ○ Wo warst du gestern um acht Uhr?  ◆ Gestern um acht Uhr war ich im Bus zur Schule.
b  ○ Wo _____ ?  ◆ Gestern um halb zehn war ich im Bett.
c  ○ Wo _____ ?  ◆ Am Sonntag waren wir im Kino.
d  ○ Wo _____ ?  ◆ Mein Freund und ich waren gestern Vormittag in der Schule.

**27** Schreib persönliche Antworten zu den Fragen in **26**.

a  Gestern um acht Uhr war ich ............................................................................
b  ............................................................................................................................
c  ............................................................................................................................
d  ............................................................................................................................

**28** Ergänze die Tabelle.

|  | gestern, vor zwei Stunden ... | jetzt, morgen |  | gestern, vor zwei Stunden ... | jetzt, morgen |
|---|---|---|---|---|---|
| ich |  |  | wir |  |  |
| du |  |  | ihr |  |  |
| er, es, sie, man | hatte | hat | sie, Sie |  |  |

**29** Hör zu. Wo war Sandra gestern? Wo hatte sie ihr Maskottchen noch? Wo ist es jetzt?   2/19

Bibliothek ★ Schule ★ Strand ★ Post ★ Park ★ bei Nicole ★ Supermarkt ★ zu Hause

Am Vormittag war Sandra in der Schule. Da hatte sie das Maskottchen noch.
Am Nachmittag war Sandra ........................ Da hatte sie es ........................
............................................................................................................................
............................................................................................................................
Am Abend ..............................................................................................................
............................................................................................................................

**30** Ergänze die Antworten.

~~Fußballspiel~~ ★ Unterricht ★ Termine ★ keine Zeit ★ Bauchschmerzen ★ Kinokarten

a  ○ Warum warst du gestern nicht auf der Party?
   ◆ Ich hatte ein Fußballspiel.   Ich war auf dem Sportplatz.

b  ○ Warum wart ihr gestern nicht beim Training?
   ◆ ................................................................. . Wir waren im Kino.

c  ○ Warum war Ihr Sohn Manuel heute nicht in der Schule, Frau Käfer?
   ◆ ................................................................. . Er war den ganzen Tag im Bett.

d  ○ Warum waren Sie gestern Nachmittag nicht zu Hause, Frau Stern?
   ◆ ................................................................. . Ich war beim Arzt und auf der Bank.

e  ○ Warum waren Linda und Selina nicht im Schwimmbad?
   ◆ ................................................................. . Sie hatten am Nachmittag Kunst.

f  ○ Warum warst du gestern nicht beim Zahnarzt?
   ◆ ................................................................. , und ich hatte auch keine Zahnschmerzen mehr.

einhundertdreiundzwanzig

# FERTIGKEITENTRAINING

**31** LESEN  Lies die Texte im Internetforum. Passt Hippos Text zu Sunnyboys oder zu Maries Problem?

### FORUM — RAT UND TAT

*Hast du in der Schule Stress? Machen die Freunde Probleme? Ist es zu Hause gerade schwierig? Hier im Forum findest du Rat und Hilfe. Wir verstehen dich!*

**Sunnyboy:** Ich habe ein Problem: Ich komme immer zu spät. Ich möchte gern pünktlich sein, aber es geht nicht. Am Morgen stehe ich schon um sechs Uhr auf, aber ich bin ==immer zu spät in der Schule==. Der Unterricht beginnt um acht. Auch beim ==Basketballtraining== komme ich ==immer zu spät==. Der Basketballtrainer und auch meine ==Freunde== beim Basketball ==mögen das gar nicht==.

**Marie:** Ich habe sehr oft Kopfschmerzen, meistens am Wochenende. Am Sonntag hatte ich ganz schreckliche Kopfschmerzen. Ich möchte keine Medikamente nehmen, aber ich weiß keine andere Lösung.

**Hippo:** Viele Menschen haben Probleme mit ihren Terminen. Vielleicht hast du zu viele Termine und kannst deshalb nicht pünktlich sein? Am Morgen bist du dann vielleicht müde und brauchst sehr lange.

Hippos Text passt zu _____ Problem.

**LESEN IN DER PRÜFUNG**

Schlüsselwörter sind wichtige Inhaltswörter in einem Text. Lies den Text, such vier oder fünf Schlüsselwörter und ==markiere== sie. So kannst du schnell die wichtigen Informationen in einem Text finden.

Zum Beispiel:
Im ersten Forumstext sind mögliche **Schlüsselwörter** markiert.

**32** LESEN  Was ist richtig und was ist falsch? Kreuze an.

|  | richtig | falsch |
|---|---|---|
| Beispiel: Sunnyboy hat mit seinen Eltern Probleme. | ○ | ⊠ |
| 1 Sunnyboy kommt nicht gerne zu spät. | ○ | ○ |
| 2 Sunnyboy schläft am Morgen immer bis acht. | ○ | ○ |
| 3 Sunnyboy ist beim Basketballtraining nie pünktlich. | ○ | ○ |
| 4 Maries Kopf tut sehr oft weh. | ○ | ○ |
| 5 Marie nimmt keine Medikamente. | ○ | ○ |
| 6 Hippo meint, Sunnyboy braucht einen Terminkalender. | ○ | ○ |

**33** HÖREN  Magdalenas Hotline: Tipps am Telefon. Was ist das Problem? Was sagt Magdalena? Hör zu und ordne die Sätze richtig zu. Nicht alle Sätze passen. 🔊 2/20

a  Timo ist abergläubisch.
b  Freitag, der Dreizehnte, ist ein Problem für Timo.
c  Nadine ist abergläubisch.
d  Freitag, der Dreizehnte, ist in vielen Ländern ein Glückstag.
e  Nadine schreibt keine Klassenarbeit ohne ihr Maskottchen.
f  Schwarze Katzen sind ein Glückssymbol.
g  Ohne sein Maskottchen spielt Timo nicht Fußball.
h  Aberglaube bedeutet immer, man hat falsche oder verrückte Erklärungen für ganz normale Dinge.
i  Timo braucht sein Maskottchen nicht wirklich.

| Problem | Magdalenas Hilfe |
|---|---|
|  |  |

**34** SCHREIBEN  Lies den Forumstext und schreib eine Antwort an Johannes oder an Marie in **31**.

Johannes: Meine Eltern und ich wohnen jetzt in einer anderen Stadt. Ich bin sehr unglücklich. In meiner alten Schule hatte ich viele Freunde, und der Unterricht war ganz anders. Jetzt bin ich oft traurig und allein. Ich möchte meine Freunde sehen und in meiner alten Schule sein. Hast du einen Rat?

mit alten Freunden chatten ★ Sport machen ★ einladen ★ besuchen ★ Hobby

Lieber Johannes, das ist sicher nicht leicht für dich. Ich habe diesen Rat: Chatte doch

schlafen ★ Wasser trinken ★ spazieren gehen ★ zum Arzt gehen ★ Akupunktur

@Marie: Ich weiß, Kopfschmerzen sind furchtbar. Aber du kannst

# 10 LERNWORTSCHATZ

**A1** weh·tun — Mein Kopf tut weh, ich glaube, ich bin krank.
• Nadel, die, -n
• Medikament, das, -e
helfen → das hilft — Trink ein Glas Wasser, das hilft.
**A2a** • Termin, der, -e — ○ Wann ist dein Arzttermin? ◆ Nächste Woche.
erklären — Ich verstehe das nicht. Kannst du das erklären?
**A2b** • Datum, das, Daten — ○ Welches Datum ist heute? ◆ Der 3. Mai.
der / das / die erste — Der erste Punkt tut sehr weh.
manche — Manche Menschen mögen keine Nadeln.
• Patient, der, -en — Der Patient ist nervös.
• Patientin, die, -nen
• Schmerz, der, -en — Was hilft gegen Kopfschmerzen?

**B1a** der Körper
• Hand, die, ¨e • Auge, das, -n • Brust, die (Sg.)
• Kopf, der, ¨e • Bauch, der, ¨e
• Hals, der, ¨e • Zeh, der, -en
• Rücken, der (Sg.) • Bein, das, -e
• Arm, der, -e • Finger, der, - • Fuß, der, ¨e

**B2b** • Schnupfen, der (Sg.) — Ich habe Schnupfen.
**B2d** drücken

**B3a + B4** Jahreszeiten und Monate
• Frühling, der, -e • Sommer, der, - • Herbst, der, -e • Winter, der, -
• März • Juni • September • Dezember
• April • Juli • Oktober • Januar
• Mai • August • November • Februar

• Monat, der, -e — Juni und Juli sind Monate.
**B3c** • Gespräch, das, -e — Hör die Gespräche.
statt·finden — ○ Wann findet die Party statt? ◆ Am Samstag!
• Ferien, die (Pl.) — Die Ferien beginnen im Juli.
frei — ○ Hast du im Juli frei? ◆ Nein, ich muss arbeiten.
**B3d** • Geburtstag, der, -e — ○ Wann hast du Geburtstag? ◆ Im Juni.
**C2c** leider — ○ Hast du heute frei? ◆ Nein, leider nicht.
wiederholen — Wie bitte? Können Sie das wiederholen?
langsam — ≠ schnell
**D1** • Glück, das (Sg.) — Es ist nichts passiert. Wir haben Glück.
• Unglück, das, -e — ≠ Glück

# LERNWORTSCHATZ

**10**

| | | | |
|---|---|---|---|
| | kaputt | | Es funktioniert nicht. Es ist kaputt. |
| **D2a** | auf·stehen | | Meine Schwester steht immer um sechs Uhr auf. |
| | wecken | | Kannst du mich bitte um sechs Uhr wecken? |
| | duschen | | Ich dusche mich, dann ziehe ich mich an. |
| | an·ziehen | | Heute ist Annas Party. Was soll ich anziehen? |
| | frühstücken | | Ich frühstücke gerne Cornflakes. |
| | ab·fahren | | Einsteigen bitte! Der Zug fährt ab! |
| | an·kommen | | ○ Wann kommen wir endlich an? ◆ Bald! |
| **D2d** | pünktlich | | ≠ zu spät |

**E1a** Kleidung / Kleidungsstücke
- Jacke, die, -n
- Bluse, die, -n
- Mantel, der, ∸
- Jeans (Pl.)
- T-Shirt, das, -s
- Kleid, das, -er
- Pullover, der, -

| | | | |
|---|---|---|---|
| **E1c** | • Waschmaschine, die, -n | | |
| | • Wecker, der, - | | |
| | • Bahnsteig, der, -e | | Er wartet am Bahnsteig. |
| **E2** | • Rucksack, der, ∸e | | |
| | • Fußballtraining, das, -s | | Gestern hatten wir Fußballtraining. |
| | jemand | | ○ Ist jemand zu Hause? ◆ Ja, meine Mutter. |
| **E3a** | • Hose, die, -n | | Meine Lieblingshose ist in der Waschmaschine. |
| ⊕ **1a** | krank | | Ich kann leider nicht kommen, ich bin krank. |
| | überall | | Freitag, der 13., ist nicht überall ein Unglückstag. |
| ⊕ **2a** | ein·laden | | Zu meiner Party lade ich die ganze Klasse ein! |
| | • Einladung, die, -en | | ○ Warum warst du nicht auf der Party?<br>◆ Ich hatte keine Einladung. |
| ⊕ **2b** | • Spaß, der (Sg.) | | Feiern macht Spaß! |
| | warm | | ≠ kalt |

## 9 + 10 | MODUL-PLUS

| | | | |
|---|---|---|---|
| **LL 1a-c** | • Feiertag, der, -e | | ○ Wann ist in Deutschland Nationalfeiertag?<br>◆ Am 3. Oktober. |
| | • Ostern, das (Sg.) | | |
| | • Weihnachten, das (Sg.) | | |
| | • Silvester, das (Sg.) | | Silvester ist am 31. Dezember. |
| | • Neujahr, das (Sg.) | | Neujahr ist am 1. Januar. |
| | feiern | | Am Sonntag feiere ich meinen Geburtstag. |
| | • Fest, das, -e | | Ostern ist ein schönes Fest. |
| | • Brief, der, -e | | ○ Von wem ist der Brief? ◆ Von meiner Freundin. |
| | • Ausland, das (Sg.) | | Mein Bruder wohnt im Ausland, in Italien. |
| | • Geschenk, das, -e | | Zu Weihnachten bekommt man Geschenke. |
| **P 1a** | • Markt, der, ∸e | | Am Markt kann man gut einkaufen. |

einhundertsiebenundzwanzig **127**

# TEST 9+10

**1** GRAMMATIK  Was ist richtig? Unterstreiche die richtigen Wörter.

a Kommt Anna mit der | <u>dem</u> Bus oder mit dem | der Zug?
b Die Schule ist neben dem | der Park.
c Der Bus wartet beim | bei Hotel.
d Wohnst du in einer | einem Haus oder in einem | einer Wohnung?
e Hinter den | dem Häusern beginnt der Wald.
f Zwischen der | dem Apotheke und dem | der Bahnhof ist das Hotel „Albatros".

von 8

**2** GRAMMATIK  Ergänze *wohin*, *woher* oder *wo*.

a ○ _____ ist dein Fahrrad? ◆ Es steht vor der Schule.
b ○ _____ kommst du denn? ◆ Vom Sportplatz.
c ○ _____ seid ihr letzte Woche gefahren? ◆ Nach Berlin.
d ○ _____ arbeitet dein Vater? ◆ In der Fabrik.

von 4

**3** GRAMMATIK  Ergänze *vom*, *zum*, *zur* oder *nach*.

a ○ Entschuldigen Sie, wie komme ich _zum_ Bahnhof? ◆ Immer geradeaus.
b ○ Wann fährst du morgen _____ Stuttgart? ◆ Um zehn.
c ○ Wie lange brauchst du _____ Schule? ◆ Zehn Minuten mit dem Fahrrad.
d ○ Ich denke, da rechts geht es _____ Museum. ◆ Ja, genau.
e ○ _____ Bahnhof _____ Apotheke sind es nur 300 Meter. ◆ Wirklich?
f ○ Komm, es ist spät, wir müssen _____ Hause. ◆ Ach komm, jetzt schon?

von 6

**4** GRAMMATIK  Ergänze die Präteritum-Formen von *haben* und *sein*.

○ Hallo Fiona, wo _warst_ du gestern? Warum _____ du nicht im Kino?
◆ Ich _____ keine Zeit. Wir _____ ein Volleyballspiel in der Schule.
○ Der Film _____ wirklich toll. Und nach dem Kino _____ wir noch bei Lars.
◆ Wie lange _____ ihr denn da?
○ Bis neun, es _____ sehr lustig.

von 7

**5** GRAMMATIK  Schreib das Datum.

a Heute ist der (4.1.) _vierte erste_ .
b Am (24.12.) _____ ist Weihnachten.
c Die Party ist am (30.3.) _____ .
d Gestern war der (11.9.) _____ .

von 3

128  einhundertachtundzwanzig

## 9+10 TEST

**6** WORTSCHATZ **Schreib die Orte.**

a  Man kann dort Medikamente kaufen: die Apotheke
b  Flugzeuge landen dort: ................
c  Der Bus bleibt dort stehen: ................
d  Touristen wohnen dort: ................
e  Züge fahren von dort ab und kommen dort an: ................
f  Kranke Menschen werden dort wieder gesund: ................

von 5

**7** WORTSCHATZ **Ordne die Wörter zu.**

Frühling ★ ~~Juni~~ ★ Sommer ★ März ★ Herbst ★ April ★ Dezember ★ Winter

| Monate | Jahreszeiten |
|---|---|
| Juni, | |

von 7

**8** WORTSCHATZ **Wie heißen die Körperteile? Schreib auch den Plural.**

a  AMR — der Arm, die Arme
b  EBIN — ................
c  HNAD — ................
d  CBAUH — ................
e  FIRGEN — ................
f  AHLS — ................
g  CÜKREN — ................
h  UBSRT — ................

von 7

**9** ALLTAGSSPRACHE **Ergänze.**

wie kommen wir ★ Achtung ★ gern geschehen ★ es gibt ★
~~was ist heute für ein Tag~~ ★ das stimmt sicher nicht

a  ◆ Was ist heute für ein Tag, Lena? ○ Mittwoch. ◆ Bist du sicher?
b  ◆ Vielen Dank für die Hilfe! ○ ................ .
c  ◆ ................ Julian, da kommt ein Auto! ○ Danke, das war Glück.
d  ◆ Unser Chemietest ist am Freitag. ○ ................ . Der Test ist heute.
e  ◆ Entschuldige, ................ zum Kino?
   ○ Tut mir leid, ................ hier kein Kino.

von 5

| G | W | A | Wie gut bist du schon? |
|---|---|---|---|
| 23–28 | 15–19 | 5 | 😊 Sehr gut! |
| 16–22 | 10–14 | 3–4 | 🙂 Okay! |
| 0–15 | 0–9 | 0–2 | 😐 Na ja. Das übe ich noch. |

einhundertneunundzwanzig 129

# 11 Wer hat das gemacht?

## A  TEXT

**1** Was weißt du noch? Lies die Fragen und ordne die richtigen Antworten zu.  A2  KB S. 111

a Wo lebt Jakob Mielke?
b Wie sehen die Figuren in Jakob Mielkes Kornfeld aus?
c Wie viele Kornkreise findet man jedes Jahr in England, Deutschland und Amerika?
d Was machen „hoaxer"?
e Was ist Jan Schochow von Beruf?
f Was machen Kornkreisforscher?

1 Kornkreisforscher.
2 Hundertfünfzig bis dreihundert.
3 Sie machen Kornkreise.
4 Auf der Insel Rügen.
5 Es sind fünf große Kreise.
6 Sie machen Fotos und kontrollieren die Kreise ganz genau.

## B  GRAMMATIK | Perfekt, Possessivartikel (Dativ) unser/euer

**2** Ergänze das Perfekt.  B1

| Infinitiv | Perfekt | |
|---|---|---|
| sehen | ich habe | gesehen |
| schlafen | du hast | |
| machen | er/es/sie/man hat | |
| glauben | er/es/sie/man hat | |

| Infinitiv | Perfekt | |
|---|---|---|
| essen | wir haben | |
| lernen | ihr habt | |
| trinken | sie haben | |
| hören | Sie haben | |

**3** Ergänze die Dialoge mit den Verben aus Übung 2 im Perfekt.  B1

a ○ Guten Morgen! _____ du gut _____ ? ◆ Ja, danke.
b ○ Was _____ ihr gestern zu Mittag _____ ? ◆ Fisch und Salat. Es war sehr gut.
c ○ _____ du gestern für den Biologie-Test _____ ?
   ◆ Nein, ich hatte keine Zeit. Aber heute fange ich an.
d ○ Ich habe so starke Kopfschmerzen.
   ◆ _____ du genug Wasser _____ ? Wasser trinken hilft manchmal.
e ○ _____ ihr gestern das WM-Finale _____ ?
   ◆ Ja klar, das Spiel war toll.
f ○ _____ Manuel schon die Hausaufgaben _____ ?
   ◆ Ja, jetzt spielt er ein Computerspiel.
g ○ War Marie wirklich schon in China? Ich _____ das nicht _____ .
   ◆ Doch, das stimmt.

130 einhundertdreißig

**4** Bilde das Perfekt wie in den drei Beispielen.

a machen — er hat gemacht
b glauben — es hat geglaubt
c lernen — sie hat gelernt
d sagen — sie haben
e zeigen — wir
f üben — du
g spielen — ihr
h zeichnen — er
i leben — sie hat
j warten — ich ___ gewartet
k fragen — du

l suchen — ihr
m tanzen — wir
n faulenzen — ich
o boxen — du
p schmecken — es
q arbeiten — Jakob ___ gearbeitet
r kochen — sie haben
s fühlen — ich
t lachen — wir
u hören — Veronika
v wohnen — ihr

**5** Finde den Infinitiv.

a er hat geschlafen — schlafen (hafsecln)
b ich habe gelesen — (elesn)
c Veronika hat gegessen — (eesns)
d sie haben getrunken — (netrikn)
e jemand hat gesprochen — (sceperhn)
f sie hat geschrieben — (cnsrhebie)
g ihr habt genommen — (hmneen)
h wir haben gegeben — (begen)

> **GRAMMATIK**
> Regel: Die meisten Verben bekommen im Perfekt am Wortende ein -t (= t-Verben), z.B.: lernen – hat gelernt.
> ⚠ Einige wichtige Verben bekommen im Perfekt am Wortende ein -en (= en-Verben). Auch der Vokal ist bei den en-Verben oft anders, z.B.: nehmen – hat gen**o**mmen. Die en-Verben musst du besonders gut lernen!

**6** Unterstreiche das passende Verb.

a Ich habe Leonie eine E-Mail gesprochen | **geschrieben** | gespielt.
b Hast du den Chemiekurs genommen | **gelernt** | gefragt?
c Meine Füße tun weh, ich habe die ganze Nacht gesagt | **getanzt** | gelacht.
d Mein Vater hat vier Jahre bei VW **gearbeitet** | gelesen | gewartet.
e Am Sonntag haben wir den ganzen Tag gefunden | gehört | **gefaulenzt**.
f Tom hat gegeben | **gesagt** | gefragt, er war im Sommer in Frankreich.
g Meine Schwester hat ein Bild **gezeichnet** | geschrieben | geübt.
h Vielen Dank, es hat gut getrunken | **geschmeckt** | gegessen.

**7** Ergänze die Sätze mit den passenden Verben aus Übung 5 im Perfekt. Hör dann zu und vergleiche.

a Oh, wir haben keine Schokolade mehr. Du ___ gestern die ganze Schokolade ___, Sven!
b Ich ___ dein Buch noch nicht ___. Darf ich es noch eine Woche haben?
c ○ Wo wart ihr gestern um zwölf? ◆ Da ___ wir am Kiosk eine Cola ___.
d Anna ist müde. Sie ___ gestern bis Mitternacht E-Mails ___.
e Alina kommt heute zu spät. Sie ___ nicht ihr Fahrrad, sondern den Bus ___.

**8** Perfekt oder Präsens? Ergänze die Sätze.

~~schreiben~~ ★ finden ★ üben ★ trinken ★ kochen ★ leben

**a** ○ _Hast_ du das mit dem Tablet _geschrieben_ ?
  ◆ Ja, ich schreibe meine Texte immer mit dem Tablet.

**b** ○ _____ du schon einmal Spaghetti _____ ?
  ◆ Nein, ich _____ nie.

**c** ○ Morgen ist dein Konzert. Hast du viel _____ ?
  ◆ Ja, ich _____ jeden Tag.

**d** ○ Wie lange habt ihr in England _____ ?
  ◆ Fünf Jahre, jetzt _____ wir schon zwei Jahre in Österreich.

**e** ○ Hast du jetzt wirklich einen Liter Wasser _____ ?
  ◆ Ja, nach dem Training _____ ich immer so viel.

**f** ○ Hast du dein Buch _____ ?
  ◆ Ja, ich _____ immer, was ich suche.

**9** Ein Kornkreisforscher interviewt Frau Wollin. Schreib die Fragen im Perfekt.

Kornkreisforscher: **a** _Frau Wollin, haben Sie gestern wirklich UFOs gesehen?_
UFOs | Sie | gestern | sehen?

Frau Wollin: Ja, da bin ich ganz sicher. Das waren UFOs.

Kornkreisforscher: **b** _____
sehen | Was genau | Sie?

Frau Wollin: Ich habe Licht gesehen. Um Mitternacht habe ich in Mielkes Feld Licht gesehen. Und da waren die Außerirdischen.

Kornkreisforscher: **c** _____
die UFOs | Sie | auch | hören?

Frau Wollin: Nein, ich habe nichts gehört. Das war ja so seltsam. Ich habe die Außerirdischen gesehen, aber die UFOs habe ich nicht gehört.

Kornkreisforscher: **d** _____
die Außerirdischen | machen | die Kornkreise?

Frau Wollin: Das weiß ich nicht. Das habe ich nicht gesehen. Mielkes Feld ist sehr weit entfernt. Das kann man nicht genau sehen.

Kornkreisforscher: **e** _____
machen | Sie | ein Foto?

Frau Wollin: Nein, leider. Ich weiß, das war dumm, aber ich habe leider kein Foto gemacht.

Kornkreisforscher: Schade! Auf jeden Fall vielen Dank.

## 10 Was passt? Ergänze. B4

• Hund (4x)   • Pferd (3x)   • Katze (3x)   • Felder (2x)

| unser/euer Hund , _____ | (auch: mein/dein/sein/ihr) |
| unser**en**/eur**en** _____ | (auch: mein**en**/dein**en**/sein**en**/ihr**en**) |
| unser**e**/eur**e** _____ , _____ | (auch: mein**e**/dein**e**/sein**e**/ihr**e**) |
| mit unser**em**/mit eur**em** _____ , _____ | |
| mit unser**er**/mit eur**er** _____ | (auch: mit mein**er**/dein**er**/sein**er**/ihr**er**) |
| mit unser**en**/mit eur**en** _____ +**n**, _____ +**n**, _____ +**en**, _____ +**en** (auch: mit mein**en**/dein**en**/sein**en**/ihr**en**) | |

## 11 Wer sagt was? Schreib Sätze und vergleiche. B4 KB S. 112–113

Veronika Wollin   ★   Jakob Mielke   ★   Edmund Mielke   ★   Maria Mielke

a „In meinem Kornfeld sind Kreise."   Jakob Mielke sagt, in seinem Kornfeld sind Kreise.

b „Ich habe nach dem Abendessen noch meine Hausaufgaben gemacht."

c „Unsere Tiere waren den ganzen Tag nervös."

d „Ich habe um sieben Uhr unser Abendessen gemacht."

e „Mein Korn ist kaputt."

f „Um halb zehn habe ich meinen Tee getrunken."

## C WORTSCHATZ UND GRAMMATIK | Landschaft, Pflanzen, Tiere, Wetter

## 12 Finde die Wörter in der Spirale und ordne zu. Schreib die Artikel und den Plural. C1

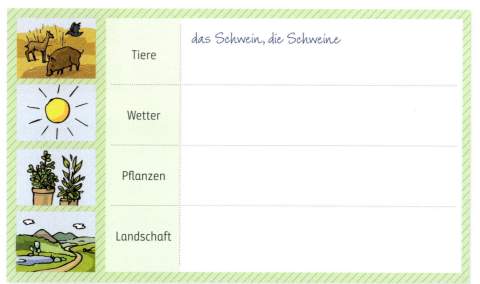

| | |
|---|---|
| Tiere | das Schwein, die Schweine |
| Wetter | |
| Pflanzen | |
| Landschaft | |

Spirale: GartenRegenWaldBirneSchafSchweinKuhWindPferdWolkeSonneBaum

einhundertdreiunddreißig  133

**13** Tierische Probleme. Ergänze die Possessivartikel.

Liebe Nachbarn,
wir haben leider ein kleines Problem mit **a** _euren_ Tieren.
**b** _Eure_ Tiere sind immer auf **c** _unserem_ Parkplatz, vor
**d** _u___e_m_ Haus und in **e** _u___e_m_ Obstgarten.
**f** _E___ Katzen sitzen auf **g** _u___e_m_ Auto,
**h** _e___ Hühner sind vor, hinter und manchmal sogar auf
**i** _u___e_m_ Haus, und letzte Woche war sogar
**j** _e___ Kuh in **k** _u___e_m_ Garten. **l** _U___ Gemüse
und **m** _u___ Obst sind weg. Hoffentlich hat
**n** _e___ Kuh keine Bauchschmerzen. Wir mögen **o** _e___
Tiere. Aber **p** _e___ Tiere mögen **q** _u___ Garten etwas
zu sehr. Und das mögen wir nicht. Wir müssen eine Lösung finden.
Kommt doch morgen Nachmittag zum Kaffee, vielleicht so um drei?
Lotte und Paul

**14** Matthias liest den Brief von seinen Nachbarn Lotte und Paul in Übung **13**.
Er berichtet seiner Frau davon. Was sagt Matthias? Schreib den Text neu in dein Heft.

> Johanna, hör mal, da ist eine Nachricht von Lotte und Paul.
> Weißt du, was sie schreiben? Sie haben ein kleines Problem mit
> unseren Tieren. Unsere Tiere sind immer auf ihrem Parkplatz ...

## D HÖREN: ALLTAGSSPRACHE

**15** Was weißt du noch? Ordne zu, schreib die Sätze richtig und vergleiche. D1 KB S. 115

| | | | |
|---|---|---|---|
| **a** | Julia und Fabian ... | **1** | „Was shat du wirklich agetmhc ?" |
| **b** | Gestern war Julia ... | **2** | sie hatte um vier Uhr drei rnfeAu . |
| **c** | Julia sagt, ... | **3** | nicht beim riTangni . |
| **d** | Alle Anrufe waren ichtgwi , ... | **4** | spielen lVleolaybl . |
| **e** | Sandra sagt, ... | **5** | deshalb war sie nicht beim Training. |
| **f** | Sandra ftohf , ... | **6** | Julia hatte gestern kein nyaHd . |
| **g** | Fabian fragt Julia: ... | **7** | Julias Handy ist wieder da. |

**a** _Julia und Fabian spielen Volleyball._
**b**
**c**
**d**
**e**
**f**
**g**

## 16 Ergänze die Sätze.

aber ★ sondern ★ und ★ deshalb ★ dann ★ oder ★

Julia **a** _____ Fabian spielen Volleyball. **b** _____ gestern war Julia nicht beim Training. Julia sagt, sie hatte um vier Uhr drei Anrufe. Die Frage war: Telefonieren **c** _____ trainieren? Alle Anrufe waren wichtig, **d** _____ war sie nicht beim Training. **e** _____ kommt Sandra und sagt, Julias Handy war gestern weg. Julia hatte gestern Nachmittag keine Anrufe, **f** _____ die Anrufe waren am Vormittag.

## 17 Was passt? Ordne zu und ergänze dann die Dialoge.

| Das war ... | spricht und spricht. |
| Der Anruf ... | sympathisch. |
| Ist dir ... | war sehr wichtig. |
| Er spricht und .... | das Spiel egal? |
| Ich finde Katja ... | sehr schade. |

**a** ○ Warum warst du gestern nicht beim Fußballtraining?
    Wir haben ein Spiel am Wochenende. _____
  ♦ Nein, überhaupt nicht, aber ich hatte keine Zeit.
  ○ Du warst nicht da. *Das war sehr schade.*

**b** ○ Dein Telefon war gestern am Abend immer besetzt. Was war los?
  ♦ Ich hatte einen Anruf von Tom. Und du kennst Tom: _____

**c** ○ Gestern hatte ich drei Anrufe von Katja. Schrecklich!
  ♦ Warum? _____ Du nicht?

**d** ○ Warum kommst du so spät?
  ♦ Tut mir leid, ich hatte einen Anruf. _____

## E GRAMMATIK | Perfekt mit *sein*

## 18 Ordne die Sätze und Bilder zu.

1. ○ Nina fährt nach München.
2. ○ Paul ist nach Hause gekommen.
3. ○ Nina ist nach München gefahren.
4. ○ Tobias ist einkaufen gegangen.
5. ○ Tobias geht einkaufen.
6. ○ Paul kommt nach Hause.

einhundertfünfunddreißig 135

**19** Was haben diese Personen gerade gemacht? Schreib Sätze zu den Bildern.

| laufen ★ fliegen ★ zu Hause bleiben ★ schwimmen |

a  Marcel ist geschwommen.   c  Christina und Patrick

b  Herr Müller   d  Petra

**GRAMMATIK**

Regel: Die meisten Verben bilden das Perfekt mit *haben*.

⚠ Einige wichtige Verben bilden das Perfekt mit *sein*. Die *sein*-Verben musst du gut lernen.

**20** Ergänze die Tabelle.

| ~~kommen~~ ★ geschwommen ★ fliegen ★ laufen ★ ~~gekommen~~ ★ geblieben ★ gehen ★ gefahren ★ fahren ★ gegangen ★ schwimmen ★ gelaufen ★ bleiben ★ geflogen |

|  | Perfekt | Infinitiv |
|---|---|---|
|  | gekommen | kommen |
| ich bin |  |  |
| du bist |  |  |
| er, es, sie ist |  |  |
| wir sind |  |  |
| ihr seid |  |  |
| sie sind |  |  |

**21** *Haben* oder *sein*? Was passt wo? Ordne zu und zeichne bei jeder Frage 🙂 😐 🙁 in dein Heft.

🙂 Du findest die Frage gut.   😐 Du bist neutral.   🙁 Du findest die Frage schlecht.

| ~~für Chemie gelernt~~ ★ zum Training gegangen ★ am Wochenende gefaulenzt ★ schon gefrühstückt ★ die Hausaufgaben gemacht ★ meinen Rucksack gesehen ★ Abendessen gekocht ★ gut geschlafen ★ deinen Tee getrunken ★ Nicoles Geschichte geglaubt ★ zu spät gekommen ★ lange gearbeitet ★ alleine nach Berlin gefahren ★ zu Hause geblieben |

Hast du für Chemie gelernt? 🙁     Bist du …

**22** Hör zu. Warum kommt Stefan so spät zu Tante Olgas Geburtstagsparty? Was hat er gemacht? Was sagt er? Ordne zu und schreib dann Sätze. E2 2/22

~~Hausaufgaben machen~~ ★ Biologie lernen ★ Gitarre üben ★ einkaufen gehen ★ an der Haltestelle warten ★ Geld suchen

| 14:00–16:00 Uhr: | Hausaufgaben machen |
| | Von zwei bis vier habe ich Hausaufgaben gemacht. |
| 16:00–17:00 Uhr: | |
| 17:00–17:30 Uhr: | |
| 17:30–17:45 Uhr: | |
| 17:45–19:00 Uhr: | |
| 19:00–19:20 Uhr: | |

**23** Was hat Stefan wirklich gemacht? Schau die Bilder an und schreib Sätze. E2

14:00　　14:30　　15:00　　16:00　　17:00　　17:45　　18:45

Computerspiele spielen ★ Comics zeichnen ★ Lieblingsserie sehen, Chips essen und Cola trinken ★ einkaufen gehen ★ Musik hören ★ schlafen ★ Gitarre üben

Um zwei Uhr ist Stefan

# 11

## AUSSPRACHE | Perfekt-Sätze: Satzmelodie, Betonung im Satz

**24** Hör zu und sprich nach. 🔊 2/23

- ○ Julian, ↗ was hast du gestern <u>gemacht</u>? ↘
  Julian, ↗ was hast <u>du</u> gestern gemacht? ↘
  Hast du <u>Fußball</u> gespielt ↗ oder hast du <u>Hausaufgaben</u> gemacht? ↘
- ◆ Ich habe <u>Computerspiele</u> gespielt, ↗ und meine <u>Lieblingsserie</u> gesehen. ↘

**25** Markiere die Betonung und die Satzmelodie. Hör dann zu und sprich nach. 🔊 2/24

- ○ Was habt ihr gestern gemacht? ○ Was habt ihr gestern gemacht? ○ Seid ihr zu Hause geblieben ○ oder seid ihr einkaufen gegangen? ○
- ◆ Wir waren in der Stadt, ○ aber wir sind nicht einkaufen gegangen. ○ Wir waren im Kino, ○ und dann haben wir Eis gegessen. ○

## FERTIGKEITENTRAINING

**26** LESEN  Lies den Text aus dem Internet. Was ist richtig und was ist falsch? Kreuze an.

### Gibt es das wirklich?/UFOs

#### Sie hatten große Augen und einen großen Kopf …

„Sie sind nach Mitternacht gekommen. Plötzlich war überall Licht. Das Licht war hell, sehr hell. Dann habe ich das UFO gesehen. Da waren fünf Außerirdische. Sie hatten große Augen und einen großen Kopf. Plötzlich war ich im UFO. Dort waren viele Maschinen. Die Außerirdischen sind näher gekommen, sie hatten lange Nadeln in den Händen. Es war furchtbar. Am Morgen hatte ich schreckliche Kopfschmerzen, und auf meinen Armen und Beinen waren dunkelrote Punkte." Adrian Weber erzählt seine Geschichte immer wieder. Viele Menschen erzählen ähnliche Geschichten. Ufos sind in der Nacht gekommen, die Außerirdischen haben sie geholt und haben Experimente gemacht. Die Außerirdischen in den Geschichten sehen alle ähnlich aus: Sie haben große Augen und einen großen Kopf. Sind die Geschichten real? Psychologen meinen, nein. Wir alle kennen die wichtigen Teile in den Geschichten: das Licht, das UFO, keine Hilfe, Experimente, … Unsere Fantasie produziert die Geschichten und manche Menschen glauben, sie haben die UFOs wirklich gesehen.

|   |   | richtig | falsch |
|---|---|---|---|
| a | Adrian Weber sagt, er hat ein UFO gesehen. | ○ | ○ |
| b | Die Außerirdischen haben mit Adrian Experimente gemacht. | ○ | ○ |
| c | Die Situation war schrecklich für Adrian. | ○ | ○ |
| d | Die Menschen erzählen immer andere UFO-Geschichten. | ○ | ○ |
| e | Die Psychologen meinen, UFOs gibt es wirklich. | ○ | ○ |

## 11

**27** HÖREN  UFOS in den Medien. Hör das Interview mit dem Medienexperten Robert Brunner. Was ist richtig? Kreuze an. 2/25

1 Herr Brunner meint, viele Menschen lieben UFOs und Außerirdische
   a ◯ in Zeitungen.
   b ✗ in Filmen.
   c ◯ im Radio.

2 Den Satz finden viele Menschen interessant:
   a ◯ UFOs gibt es sicher.
   b ◯ UFOs gibt es sicher nicht.
   c ◯ UFOs gibt es vielleicht.

3 „Krieg der Welten" ist … von Orson Welles.
   a ◯ ein Hörspiel
   b ◯ ein Film
   c ◯ ein Buch

4 Im Jahr 1938 hat man in den USA
   a ◯ Außerirdische gesehen.
   b ◯ ein Hörspiel über Außerirdische gehört.
   c ◯ in der Zeitung über Marsmenschen geschrieben.

5 Im Radio haben die Menschen
   a ◯ Außerirdische gehört.
   b ◯ einen Reporter gehört.
   c ◯ Orson Welles gehört.

6 Die Außerirdischen waren für … real.
   a ◯ niemanden
   b ◯ viele Menschen
   c ◯ die New Yorker

7 In Deutschland glaubt heute … an UFOs.
   a ◯ niemand
   b ◯ ein Drittel
   c ◯ die Hälfte

**28** SCHREIBEN  Du hast etwas Seltsames gesehen oder gehört. Schreib eine E-Mail an einen Freund oder eine Freundin.

An:
Betreff:

Hallo _____,
gestern um _____ habe ich _____ gesehen/gehört.
Ich habe gerade _____ gelernt/gegessen/
_____, da habe ich es gehört/gesehen.
Es war _____ laut/leise/hell/dunkel
vor dem Haus / im Haus / _____.
Ich habe geglaubt, es war _____.
Ich war sehr _____.
Ich bin sicher, _____

### SCHREIBEN IN DER PRÜFUNG

Manchmal musst du bei einem Test eine E-Mail schreiben. Lies dann die Aufgabe vor dem Schreiben gut durch: Was ist das Thema? An wen musst du schreiben? Beginne die E-Mail so: *Hallo …, / Lieber …, / Liebe …,* Am Ende schreibst du: *Liebe Grüße / Bis bald / Dein / Deine* und deinen Namen.

# LERNWORTSCHATZ

**11**

**A1a** geometrische Figuren
- Durchmesser, der, -
- Dreieck, das, -e
- Quadrat, das, -e
- Rechteck, das, -e
- Spirale, die, -n

**A1b**
- Maschine, die, -n
- Wetter, das (Sg.)

○ Wie wird das Wetter heute?
♦ Es wird schön.

**A1c**
- Forscher, der, -
- Forscherin, die, -nen

Forscher kontrollieren die Kornkreise ganz genau.

**A2**
böse
seltsam
allein(e)
- Licht, das, -er
- Unsinn, der (Sg.)

Der Bauer ist böse. Sein Korn ist kaputt.
Ich kann es auch nicht erklären. Das ist seltsam.
Du musst nicht allein gehen. Wir kommen mit.
Es ist dunkel, kannst du Licht machen?
○ Ich habe Außerirdische gesehen!
♦ Das ist Unsinn!

**A2b**
- Fotograf, der, -en
- Fotografin, die, -nen

○ Schöne Fotos! – Danke, die sind von einem Fotografen.

**B1a**
- Apfelsaft, der, ¨e

Der Apfelsaft schmeckt wunderbar.

**B2a**
- Nachbarin, die, -nen
- Nachbar, der, -n
- Mitternacht, die (Sg.)
- Feld, das, -er
furchtbar

Unsere Nachbarin ist nie zu Hause.

Ich war erst um Mitternacht im Bett.
Der Bauer arbeitet in seinem Feld.
Meine Mutter findet Horrorfilme furchtbar.

**B3b**
- Zettel, der, -
tauschen

Schreib deinen Namen auf einen Zettel.
Tauscht dann eure Zettel.

**B3c**
- Kopie, die, -n
- Original, das, -e
letzt-

○ Ist das das Original?
♦ Nein, das ist nur eine Kopie.
Letzte Nacht habe ich Außerirdische gesehen.

**B4a** euer/eure

unser/unsere
- Autobahn, die, -en

hoffentlich

○ Ist das euer Haus? ♦ Nein, wir wohnen im Stadtzentrum.
Das sind unsere Freunde, Mark und Alissa.
○ Warum ist es hier so laut?
♦ Dort drüben ist die Autobahn.
Hoffentlich haben wir Glück.

Himmelsrichtungen
- Norden, der (Sg.)
- Osten, der (Sg.)
- Westen, der (Sg.)
- Süden, der (Sg.)

# LERNWORTSCHATZ   11

**C1a**
- Garten, der, ¨
- Wald, der, ¨er
- Birne, die, -n
- Wind, der, -e
- Wolke, die, -n
- Regen, der *(Sg.)*
- Sonne, die, -n
- Baum, der, ¨e
- Wein, der, -e

Meine Eltern trinken am Abend gerne ein Glas Rotwein.

**Tiere**
- Schwein, das, -e
- Kuh, die, ¨e
- Huhn, das, ¨er
- Pferd, das, -e
- Schaf, das, -e

**C1c**
- Landschaft, die, -en
- Pflanze, die, -n

**C2**
- Münze, die, -n

Hast du vielleicht zwei Euro? Der Automat nimmt nur Münzen.

**D1a**
- Anruf, der, -e

○ Von wem ist der Anruf?
◆ Von meiner Schwester.

blöd

○ War dein Handy weg? ◆ Ja, das war ganz blöd.

kompliziert

○ Wie macht man Kornkreise? ◆ Ich weiß nicht, ich glaube das ist kompliziert.

**E1b**
- Spieler, der, -
- Spielerin, die, -nen

○ Wie viele Spieler hat eine Fußballmannschaft?
◆ Elf.

gestern

Gestern war das Wetter schön, aber heute gibt es Regen.

**⊕1a** fort

= weg

# 12 — Das ist seltsam …

## A TEXT

**1** Hanna besucht ein Geisterhaus. Lies zuerst die Fragen: Welche Frage passt zu welcher Antwort? Ordne zu und ergänze auch die Antworten.

**ESCAPE ROOM — DAS GEISTERHAUS**
Findet die Codes, sonst bleibt ihr für immer im Geisterhaus! Ihr habt aber nur eine Stunde Zeit.

a Wie sieht Hannas Geisterhaus aus?
b Was findet Hanna im Wohnzimmer seltsam?
c Was will Tina ihren Freunden zeigen?
d Was sieht Hanna in der Küche?
e Was wollen die Geister von Hanna?
f Warum ist Hanna in einem Geisterhaus?

Gesichter ★ dunkel ★ in einem Wald ★ dem Boden ★ mit ihren Freunden ★ ~~einen Code~~

- e ◆ Hanna muss _einen Code_ finden, sonst muss sie im Geisterhaus bleiben.
- ◯ ◆ Sie fährt _____ zu einem Escape-Room-Spiel. Das Spiel heißt „Im Geisterhaus".
- ◯ ◆ Es ist ein schöner Sommertag in Spanien, doch im Haus ist es sehr _____ .
- ◯ ◆ Sie sieht im Flur _____ an der Wand.
- ◯ ◆ Auf _____ , an den Wänden und an der Decke sind Gesichter.
- ◯ ◆ Das Ferienhaus liegt _____ und ist sehr alt.

## B WORTSCHATZ | Haus und Wohnung

**2** Ordne zu und schreib Sätze.

a In der ÜKCEH …        1 ist neben dem Badezimmer.
b Im HONMRWZIME …       2 sehen wir fern.
c Im BDA …              3 kochen wir.
d Im INZIDKERMRME …     4 schlafen mein Bruder und ich.
e Im LFRU …             5 sind unsere Mäntel und Schuhe.
f Im CHSLERAMFZIM …     6 schlafen meine Eltern.
g Die LTOITETE …        7 haben wir eine Dusche, aber keine Badewanne.

_a In der Küche_

# 12

**3** Löse das Kreuzworträtsel. B1

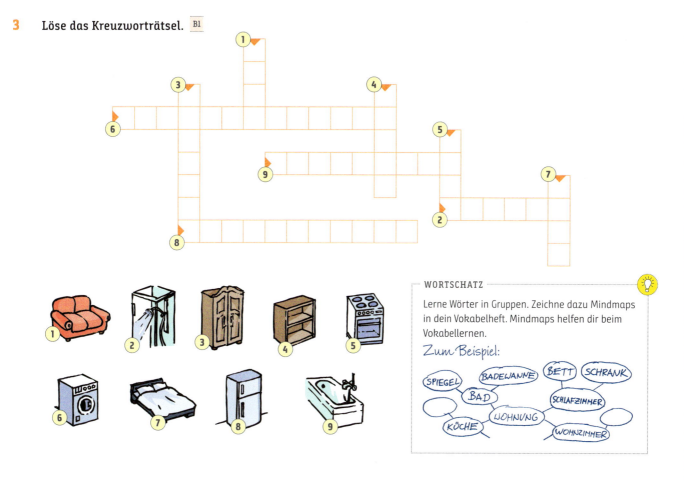

## WORTSCHATZ

Lerne Wörter in Gruppen. Zeichne dazu Mindmaps in dein Vokabelheft. Mindmaps helfen dir beim Vokabellernen.

Zum Beispiel:

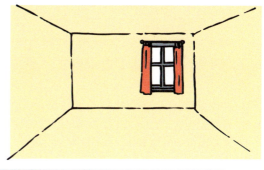

**4** Hör das Gespräch zwischen Sophie und Viktoria. Sophies Zimmer sieht jetzt anders aus. Ergänze die E-Mail an Sophies Freundin Kathrin und zeichne Sophies Zimmer neu. B1 2/26

mein Schrank ★
mein Bett ★
mein Schreibtisch ★
das Sofa ★
das Regal

An: Kathrin
Betreff: Mein Zimmer

Liebe Kathrin,

ich habe mein Sofa! Es ist dunkelrot. ................................................. steht an der Wand rechts.

Es ist total gemütlich. Mein Zimmer sieht jetzt ganz anders aus. An der Wand links steht jetzt

................................................. . ................................................. steht unter dem Poster mit den

Comics. Rechts neben dem Bett steht ................................................., direkt unter dem Fenster.

................................................. ist jetzt an der Wand rechts über dem Sofa.

Komm doch morgen Nachmittag.

Tschüs, Sophie

einhundertdreiundvierzig 143

**5** Schreib eine E-Mail an einen Freund oder eine Freundin. Beschreibe dein Zimmer. Was ist wo? B3

An: 
Betreff: Mein Zimmer

Hallo _____ ,

in meinem Zimmer ist links _____

## C GRAMMATIK | Wohin? in, an + Akkusativ • Pronomen im Dativ (mir, dir ...) • Welch- ...?

**6** Was kommt wohin? Ergänze die Artikel. C1

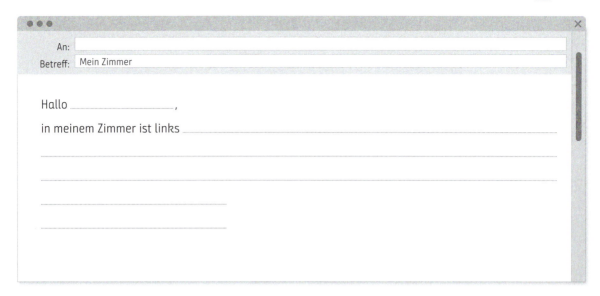

| Wohin kommt der Schrank? | Wohin kommt das Poster? |
|---|---|
| in _____ Flur | an _____ Schrank |
| (in + das = ins) _ins_ Schlafzimmer | (an + das = ans) _ans_ Regal |
| in _____ Küche | an _____ Wand |

| Wohin kommen die Schränke? | Wohin kommen die Poster? |
|---|---|
| in _____ Häuser | an _____ Wände |

**7** Was soll wohin kommen? Schreib Sätze. C1

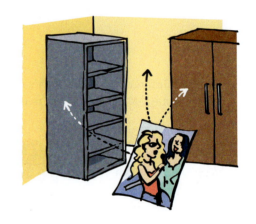

| B | Bad |
|---|---|
| WZ | Wohnzimmer |
| SZ | Schlafzimmer |
| F | Flur |
| K | Kinderzimmer |
| Kü | Küche |

_1 Das Bett kommt ins Schlafzimmer._

144  einhundertvierundvierzig

## 12

**8** Ergänze die Dialoge. C1

| Schweiz (in) ★ Kino (in) ★ Berge (in) ★ Meer (an) ★ Park (in) ★ Stadt (in) ★ See (an) |

a ○ Was machen wir heute Nachmittag?
  ◆ Gehen wir doch _____, es gibt einen neuen Spider-Man-Film.

b ○ Was machst du in den Ferien, Moritz?
  ◆ Wir fahren nach Italien, _____.

c ○ Du fährst doch am Nachmittag _____? Kann ich mitfahren? Ich treffe Mia am Hauptplatz.

d ○ Gehen wir _____ Fußball spielen?
  ◆ Ja, gut, warum nicht?

e ○ Mein Vater fliegt am Donnerstag _____.
  ◆ Wohin genau?
  ○ Nach Zürich.

f ○ Am Wochenende wird das Wetter schön, wir können sicher baden. Fahren wir doch _____.
  ◆ Nein, ich möchte lieber wandern. Fahren wir _____.

**9** Ergänze die Tabelle. C2

| dir ★ ihr ★ ihm ★ Sie ★ wir ★ euch ★ mir ★ ihnen |

| Nominativ | ich | du | Julian | Mirella |   | ihr | Lukas und Tom |
|---|---|---|---|---|---|---|---|
| Dativ |   |   |   |   | uns |   | Ihnen |

**10** Ersetze die Namen durch Pronomen. C2

a Tante Olga hat gesagt, du kannst bei *(Tante Olga)* _ihr_ wohnen.

b Tobias und Teresa fahren am Wochenende an einen See. Kann ich mit *(Tobias und Teresa)* _____ mitfahren?

c Schau, Julian ist in Italien. Da ist ein Handyfoto von *(Julian)* _____.

d Sarah spielt sehr gut Tennis. Ich möchte gerne einmal mit *(Sarah)* _____ spielen.

e Luis, du hast doch ein neues Computerspiel. Können wir das Spiel einmal bei *(Luis)* _____ spielen?

f Haben Sie auch „Double Dunk", Herr Kerner? Ich möchte das Spiel bei *(Herrn Kerner)* _____ kaufen.

g Johanna und Marcel, habt ihr am Samstag Zeit? Wir möchten mit *(Johanna und Marcel)* _____ ins Kino gehen.

**11** Hör zu. Wem gefällt welche Musik? Ergänze die Tabelle mit ☺ oder ☹? C2  2/27

|   | Hip-Hop | Pop | Jazz | Klassische Musik |
|---|---|---|---|---|
| Nadine | ○ | ○ | ○ | ○ |
| Christoph | ○ | ○ | ○ | ○ |
| Philipp | ○ | ○ | ○ | ○ |

## 12 Welche Pronomen sind richtig? Unterstreiche sie. C2

Nadine mag Hip-Hop. **a** <u>Ihr</u> | Mir | Dir gefällt aber auch Pop. Christoph und Philipp meinen: „Hip-Hop gefällt **b** ihnen | uns | euch nicht." Christoph findet Bachs Musik gut. Philipp ist nicht sicher: **c** „ Dir | Ihm | Mir gefällt klassische Musik, Christoph?" Philipp möchte mit Nadine ins Jazzcafé gehen. Nadine weiß, **d** dir | ihr | ihm gefällt nur Jazz, aber **e** mir | ihr | ihm gefällt Jazz nicht so gut. Christoph findet, Bachs Musik ist wie Jazz. Nadine muss alleine ins Konzert gehen. **f** „ Ihnen | Euch | Uns gefällt ja nur Jazz!", meint sie.

## 13 Was passt? Ordne zu. C2

a  Sabrina mag keine Hosen, …  
b  Krimis gefallen Sebastian nicht, …  
c  Frankfurt gefällt meinen Eltern nicht so gut, …  
d  Spanien gefällt Michael nicht so gut, …  
e  Den Schrank findet Melanie nicht so schön, …  
f  Rockmusik gefällt Christina gut, …  

1  aber Berlin finden sie toll.  
2  aber die Stühle gefallen ihr.  
3  ihr gefallen nur Kleider.  
4  er mag nur Dokumentationen.  
5  aber klassische Musik mag sie nicht.  
6  aber Griechenland mag er.  

## 14 Schreib die Sätze aus Übung 13 neu. C2

a  Sabrina mag keine Hosen, ihr gefallen nur Kleider.
_Sabrina gefallen keine Hosen, sie mag nur Kleider._
oder: _Sabrina findet Hosen nicht so schön, sie mag nur Kleider._

**WORTSCHATZ**

*gefallen ≈ mögen ≈ etwas gut, schön, nett finden*

*Mir gefallen Kleider. / Ich mag Kleider. / Ich finde Kleider schön.*

## 15 Ergänze die Fragen und schreib kurze, persönliche Antworten. C3

a  _Welche_ Musik gefällt dir?  
b  W       Land gefällt dir besonders gut?  
c  W       Stadt gefällt dir?  
d  W       Film gefällt dir besonders gut?  
e  W       Lied gefällt dir?  
f  W       Popgruppe gefällt dir nicht?  
g  W       Fernsehsendung gefällt dir?  
h  W       Geschäfte gefallen dir?  
i  W       Sänger gefällt dir?  
j  W       Schulfach gefällt dir?  

146  einhundertsechsundvierzig

## D HÖREN: ALLTAGSSPRACHE

**16** Was weißt du noch? Ergänze *Daniel* oder *Daniels Mutter* und ordne zu. Vergleiche.

a **Daniel** hört ...
b Dann geht er einkaufen ...
c Um sechs Uhr ...
d _____ sagt: ...
e _____ sagt, ...
f _____ schaltet die Mailbox ein, ...

1 kommt _____ nach Hause.
2 aber da ist keine Nachricht.
3 und räumt sein Zimmer auf.
4 die Nachrichten auf der Mailbox.
5 sie hatte keine Zeit für einen Anruf.
6 „Da war eine Nachricht von dir auf der Mailbox."

**17** Bring nun die Dialogteile in die richtige Reihenfolge.

**A**
*Daniel:* Das ist seltsam, die Nachricht ist weg.
*Mutter:* Ich hatte sechs Termine am Nachmittag. Ich hatte wirklich keine Zeit für einen Anruf.

**B**
*Mutter:* Hallo Daniel, bist du da?
*Daniel:* Ja, und ich bin fertig, ich habe alles gemacht.

**C**
„Daniel, hier ist Mama, es ist jetzt vier Uhr. Bitte vergiss nicht, gib deine T-Shirts in die Waschmaschine und schalte sie dann ein."

**D**
*Daniel:* Es ist auf meiner Mailbox, ganz sicher.
*Mutter:* Nein, Daniel, sicher nicht.
*Daniel:* Doch. Hör zu, da ist deine Nachricht. Warte, ich schalte die Mailbox ein. So, da muss sie sein.

**18** Ergänze den Dialog.

> Doch ★ da muss es sein ★ ~~ich bin fertig~~ ★ ich hatte wirklich keine Zeit ★ vergiss nicht ★ Nein, sicher nicht.

○ So, **a** _ich bin fertig_, das war die Hausarbeit für Deutsch. Welche Übungen müssen wir für Mathematik machen?

◆ Warte, ich suche mein Heft. Wo ist meine Tasche? ... So, **b** _____, ja hier. Übung 12–15.

○ **c** _____

◆ **d** _____, da steht: Seite 23, Übung 12.

○ Aber Übung 12 haben wir schon gemacht. Und **e** _____, wir müssen auch die Hausarbeit für Englisch machen.

◆ Ja genau. ... Hast du das Buch für Französisch schon gelesen?

○ Nein, **f** _____ für Französisch.

## 12

### E GRAMMATIK | Pronomen im Akkusativ und Dativ

**19** Ergänze die Tabelle. E2

| ~~mich~~ ★ es ★ euch ★ sie/Sie ★ ihn ★ sie ★ uns ★ dich |

| Nominativ | ich | du | er | sie | es | wir | ihr | sie/Sie |
|---|---|---|---|---|---|---|---|---|
| Akkusativ | mich | | | | | | | |
| Dativ | mir | dir | ihm | ihr | ihm | uns | euch | ihnen/Ihnen |

**20** Ergänze die Dialoge mit den passenden Pronomen. E2

a ○ Wie ist Simons Telefonnummer? Ich muss _____ anrufen.
  ◆ Ich schicke dir die Nummer.

b ○ Wie ist Emmas Telefonnummer? Ich muss _____ anrufen.
  ◆ Die Nummer ist 0664 23 57 55.

c ○ Wie ist Peters und Elenas Telefonnummer? Ich muss _____ anrufen.
  ◆ Tut mir leid, das weiß ich nicht.

d ○ Ich muss _____ heute Abend noch anrufen, Erik.
  ◆ Kein Problem. Du kannst _____ bis 22 Uhr anrufen.

e ○ Wie ist eure Telefonnummer, Jakob und Lisa? Ich rufe _____ morgen an.
  ◆ 62 34 12. Ruf _____ am Abend an, da haben wir Zeit.

**21** Hör die Diskussion im Haus von Familie Schmidt. Welche Personen sind mit „du", „er" oder „ich" gemeint? Trag die Buchstaben für die Personen in den Dialog ein. E2 ◄)) 2/28

| M | Frau Schmidt, Mutter ★ |
| V | Herr Schmidt, Vater ★ |
| D | Dominik, Sohn ★ |
| P | Petra, Tochter ★ |
| M | Melanie, Tochter |

*Frau Schmidt:* Kannst **du** ◯ bitte einkaufen gehen?

*Dominik:* Warum immer **ich** ◯? Frag doch **sie** P,M.

  **Sie** ◯ gehen nie einkaufen. Und **er** ◯ auch nicht.

*Frau Schmidt:* Du kannst **ihn** ◯ ja fragen. Vielleicht hat er Zeit

  und fährt mit **dir** ◯ in den Supermarkt.

*Herr Schmidt:* Nein, leider. **Ich** ◯ kann nicht mit **ihm** ◯ in den Supermarkt fahren.

  **Ich** ◯ habe noch einen Termin.

*Petra:* Was heißt: „**Sie** ◯ gehen nie einkaufen?" **Wir** ◯ machen sehr viel Hausarbeit.

  **Ich** ◯ koche sogar manchmal und räume manchmal sogar dein Zimmer auf.

*Melanie:* **Ich** ◯ mache am Mittwoch immer das Abendessen. Gerade am Mittwoch seid **ihr** ◯ nach

  dem Training immer so hungrig, Petra und **du** ◯. Da koche ich dann für **euch** ◯.

*Dominik:* Na gut, ich gehe schon.

*Herr Schmidt:* Kannst du auch zur Post gehen und ein Paket für **mich** ◯ abholen?

*Dominik:* Nein, dann muss **sie** ◯ mitkommen. Es ist jetzt schon so spät.

*Petra:* Aber heute ist Mittwoch, da haben **wir** ◯ doch unser Training.

*Dominik:* Stimmt. Dann muss **sie** ◯ gehen.

# 12

## AUSSPRACHE | r

**22** Hör zu. Wo hörst du ein /r/? Wo hörst du kein /r/? Markiere. 🔊 2/29

| Lehre~~r~~ | Lehrerin | hören | richtig | war | waren |
|---|---|---|---|---|---|
| Partner | Partnerin | Russland | Anruf | rot | warten |

**23** Wann spricht man ein /r/? Wann spricht man kein /r/? Kreuze an.

|  |  | /r/ | kein /r/ |
|---|---|---|---|
| a | Das **r** ist am Wortanfang oder am Silbenanfang: rot, waren | ○ | ○ |
| b | Das **r** ist am Wortende oder am Silbenende: war, warten | ○ | ○ |

**24** Pronomen und (Possessiv-)Artikel. Wo hörst du ein /r/? Wo hörst du kein /r/? Markiere. Hör dann zu und sprich nach. 🔊 2/30

mir   dir   euer   unser   ihr   er   eure   unsere   der   ihre   welcher   einer

## FERTIGKEITENTRAINING

**25** [SPRECHEN] Bei einer mündlichen Prüfung musst du dich meist vorstellen. Stell dich vor und nimm dich mit dem Handy auf. Sag zu jedem Punkt etwas.

Name?
Alter?
Land?
Wohnort?
Schule?
Sprachen?
Hobby?

**26** Hör den Dialog aus einer A1-Prüfung. Wer stellt sich vor? Kreuze an. 🔊 2/31

○ Stefanie König (Prüferin)   ○ Petra Bauer (Prüferin)   ○ Marian Nowak (Schülerin)

**27** Vergleiche Marians Vorstellung mit deiner Präsentation in Übung **25**. Was hast du gut / nicht so gut gemacht? Wiederhole deine Aufnahme. 🔊 2/32

einhundertneunundvierzig **149**

# 12

**28** SPRECHEN  In der mündlichen Prüfung bekommst du ein Thema. Du musst fragen und antworten.
Lies die Dialoge a–d. Welches Thema und welche Wortkarte passen?

**a**  ○ Hast du ein Haustier?
♦ Ja, ich habe einen Hund.

Thema: _____
Wortkarte: _____

| Thema: Wohnen | Thema: Wohnen | Thema: Wohnen |
|---|---|---|
| Zimmer | Haustier | Garten |
| Freunde/Freundinnen einladen | Familie | essen |

**b**  ○ Kannst du gut rechnen?
♦ Nein, leider. In Mathematik bin ich nicht so gut.

Thema: _____
Wortkarte: _____

| Thema: Familie | Thema: Familie | Thema: Familie |
|---|---|---|
| Schwester/Bruder | Großeltern | Mutter/Vater |
| Tante/Onkel | feiern | besuchen |

**c**  ○ Was isst du zum Frühstück?
♦ Einen Toast mit Butter und einen Tee.

Thema: _____
Wortkarte: _____

| Thema: Schule | Thema: Schule | Thema: Schule |
|---|---|---|
| Sport | Lieblingsfach | rechnen |
| Fremdsprachen | Musik machen | Lehrer/Lehrerin |

**d**  ○ Wie oft siehst du deine Großeltern?
♦ Einmal in der Woche.

Thema: _____
Wortkarte: _____

| Thema: Essen u. Trinken | Thema: Essen u. Trinken | Thema: Essen u. Trinken |
|---|---|---|
| kochen | einkaufen | Pizza |
| Restaurant | Lieblingsgetränk | Frühstück |

**29** Wähl Themen und Wortkarten aus Übung **28**.
Schreib vier eigene Fragen und Antworten in dein Heft.

> Thema: Schule
> Wort: Lieblingsfach
> ○ Was ist dein Lieblingsfach?
> ♦ Erdkunde. Ich lerne sehr gerne andere Länder kennen. ...

**SPRECHEN IN DER PRÜFUNG**

Finde eine Situation, die gut zum Thema und zur Wortkarte passt, und stelle deinem Partner/deiner Partnerin eine Frage.

**Ja/Nein-Fragen:** *Hast/Bist/Kannst/Darfst/Musst/Willst/Magst/Gehst/... du ...?*
**W-Fragen:** *Wer/Was/Wann/Wie lange/Wo/Wohin/Woher/Wen/Mit wem/Wie/Wie viel/Welch-...?*

150  einhundertfünfzig

# 12

**30** SPRECHEN  Manchmal bekommst du in der mündlichen Prüfung eine Bildkarte mit einem „!" oder „?". Du sollst dann eine Bitte/Aufforderung (!) formulieren oder eine Frage (?) stellen. Dein Partner oder deine Partnerin antwortet. Lies die Fragen und Antworten. Welche Bildkarten passen?

a  ○ Gib mir bitte Wasser!
   ◆ Gerne. Möchtest du ein Glas Wasser oder die ganze Flasche? ____

b  ○ Hast du einen Computer?
   ◆ Ja, ich habe einen Laptop. ____

c  ○ Zieh die Jacke an, es ist kalt.
   ◆ Ja, aber wo ist meine Jacke? ____

d  ○ Ist der Stuhl frei?
   ◆ Ja, bitte nimm Platz. ____

**31** Wähle vier Bildkarten aus Übung **30** und schreib Bitten/Aufforderungen oder Fragen und passende Antworten in dein Heft.

○ Kannst du mir deinen Fotoapparat geben?
◆ Ja, klar! Hier.

---
**SPRECHEN IN DER PRÜFUNG**

Bei einem **!** brauchst du einen Satz mit Imperativ (Lektion 6): *Komm / Gib mir / Zeig mir / Zieh … an / Komm … mit / Lies … vor / Schau … an / …*
Das Wort „bitte" macht deine Aufforderung höflich.
Bei einem **?** brauchst du eine Ja/Nein-Frage oder eine W-Frage (Tipp in Übung 29).

---

**32** SCHREIBEN  Du fährst für drei Wochen nach Deutschland. Deine Gastfamilie schreibt dir eine E-Mail. Schreib eine Antwort in dein Heft.

Hallo …,
du kommst ja im August für drei Wochen nach Deutschland. Wir sind deine Gastfamilie. Auf dem Foto siehst Du meine Frau Annette, mich und unsere Kinder. Lisa ist 12 und Tobias ist 15. Kannst Du uns einige Informationen über Dich schicken? Hast Du Geschwister? Was isst und trinkst Du gerne? Was machst Du gerne in deiner Freizeit? Liest Du gerne Bücher? Warst Du schon einmal in Deutschland? Was möchtest Du in Berlin gerne machen? Wir möchten alles wissen ;-).
Bitte schreib, so viel Du kannst und magst. Wir haben gelesen, Du hast schon ein Jahr Deutsch gelernt. Vielleicht kannst Du uns schon auf Deutsch schreiben.
Herzliche Grüße
Annette, Robert, Lisa und Tobias Meinert

Liebe Gastfamilie,
auf dem Foto seht ihr …

# LERNWORTSCHATZ

**B1a** Räume

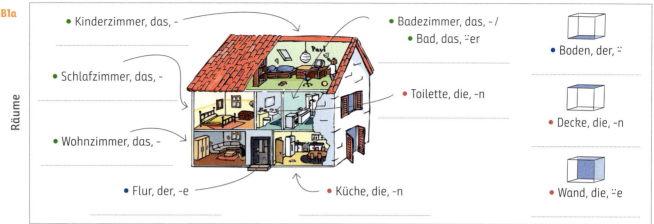

- Kinderzimmer, das, -
- Schlafzimmer, das, -
- Wohnzimmer, das, -
- Flur, der, -e
- Badezimmer, das, -/
- Bad, das, ̈-er
- Toilette, die, -n
- Küche, die, -n
- Boden, der, ̈-
- Decke, die, -n
- Wand, die, ̈-e

**A1a**
- Tür, die, -en — Mach bitte die Tür zu, es ist kalt.
- hinaus — Das Wetter ist schön, gehen wir hinaus!
- Geist, der, -er — Glaubst du an Geister?
- Ferienhaus, das, ̈-er — Wir wohnen im Urlaub in einem Ferienhaus, nicht in einem Hotel.
- Urlaub, der, -e
- Angst, die, ̈-e — Es ist ganz dunkel im Haus. Ich habe Angst.

**A2**
- Prospekt, der, -e — Der Strand sieht genauso toll aus wie im Prospekt.
- egal — ○ Tee oder Kaffee? ◆ Egal.
- passieren — ○ Was ist passiert? ◆ Nichts.
- zurück — Alex kommt morgen aus Spanien zurück.
- sogar — Das Haus hat sogar zwei Badezimmer!
- sonst — Findet den Code, sonst bleibt ihr im Geisterhaus!
- fit — Lauft bitte langsam! Ich bin nicht so fit.
- Eintrittskarte, die, -n
- schaffen — Du schaffst das, ich glaube an dich!

**B1a** Möbel

 • Sofa, das, -s
 • Schrank, der, ̈-e
 • Regal, das, -e
 • Dusche, die, -n
 • Herd, der, -e
 • Badewanne, die, -n
 • Waschmaschine, die, -n
 • Kühlschrank, der, ̈-e

**B1c** gemütlich — Ich mag eure Wohnung, sie ist sehr gemütlich.
**B3** • Wohnung, die, -en — Wohnst du in einem Haus oder in einer Wohnung?
**C1a** schicken — Ich schicke eine E-Mail an Jonas.
- Zoo, der, -s — Im Zoo leben viele Tiere.
- See, der, -n — Wir wollen an den See fahren und schwimmen.
- wandern — Wir wollen in den Bergen wandern.
- Ring, der, -e
- auf·passen — Du musst aufpassen!
- Profi, der, -s — Er kann sehr gut Tennis spielen. Er ist ein Profi.

# LERNWORTSCHATZ

| | | |
|---|---|---|
| C1c | reisen | ○ Reist du gerne? ◆ Ja, am liebsten weit weg! |
| C2a | planen | Ein Architekt plant Häuser. |
| C2c | gefallen → es gefällt mir | Das Spiel gefällt ihm besonders gut. |
| C3a | gratis | Das Spiel kostet nichts, es ist gratis. |
| D1 | • Hausarbeit, die, -en | Ich finde Hausarbeit langweilig. |
| | • Wäsche, die *(Sg.)* | |
| | waschen | Wäsche waschen ist nicht kompliziert. |
| | • Ordnung, die *(Sg.)* | ○ Hier sieht es schrecklich aus. Du musst Ordnung machen. |
| | • Zimmer, das, - | ◆ Ja, ich räume mein Zimmer gleich auf. |
| | auf·räumen | |
| | lieber | Was machst du lieber? Einkaufen oder putzen? |
| | • Paket, das, -e | Ich muss noch ein Paket von der Post holen. |
| | • Schuh, der, -e | Ich war im Wald, jetzt muss ich meine Schuhe putzen. |
| | putzen | |
| | ein·schalten | |
| | aus·schalten | |
| D2a | ab·hören | Er hört seine Nachrichten ab. |
| | • Mama, die, -s | Meine Mama kann gut kochen. |
| | vergessen → er vergisst | Er vergisst immer sein Handy. |
| | außerdem | Ich habe keine Zeit. Außerdem habe ich keine Lust. |
| E2a | meistens | = fast immer |
| | manchmal | = nicht sehr oft |
| E2b | • Fotoapparat, der, -e | Der Fotoapparat war sehr teuer. |
| ⊕ RR | zurück·bringen | Wann bringst du meinen Fotoapparat zurück? |

## 11 + 12 | MODUL-PLUS

| | | |
|---|---|---|
| LL 1 | • Haustier, das, -e | ○ Hast du Haustiere? ◆ Ja, zwei Katzen. |
| | • Ostsee, die *(Sg.)* | Wir machen im Sommer Ferien an der Ostsee. |
| LL 1b | verschieden | Wie viele verschiedene Tierarten leben im Zoo? |
| | klappen | Mein Plan klappt bestimmt. |
| LL 1c | früh | Ich muss morgen früh aufstehen, schon um 6 Uhr! |
| | zählen | Zählen ist schwierig. |
| | töten | Man darf Robben nicht töten. |
| | • Insel, die, -n | Jan zählt die Robben auf der Insel Rügen. |
| | • Boot, das, -e | Komm, wir fahren mit dem Boot auf den See! |
| | • Stress, der *(Sg.)* | ○ Schaffen wir es? ◆ Klar, wir haben keinen Stress! |
| | wenig | ≠ viel |
| | froh | ≠ traurig |
| LL 1d | • Besucher, der, - | Auf die Insel kommen viele Besucher. |
| P 1b | • Plakat, das, -e | Mach ein Plakat mit deinen Lieblingsfarben. |
| P 2 | unbedingt | Du musst das Spiel unbedingt probieren. |
| | probieren | |
| | auf·hören | Hör auf! Ich mag das nicht. |

# TEST 11+12

**1** GRAMMATIK   Ergänze das Präsens oder das Perfekt in der richtigen Form.

| | Präsens | Perfekt | | Präsens | Perfekt |
|---|---|---|---|---|---|
| a | Sie spielt. | Sie hat gespielt. | e | Ihr trinkt. | |
| b | | Du hast gelernt. | f | Ich höre. | |
| c | | Er hat geschlafen. | g | | Sie ist geschwommen. |
| d | Wir sprechen. | | h | Sie lesen. | |

von 7

**2** GRAMMATIK   Ergänze die Verben im Perfekt.

a ○ Was _hast_ du so lange am Computer _____? (machen)
  ◆ Ich _____ zehn E-Mails _____. (schreiben)
b ○ Ich bin allein zu Hause. Meine Eltern _____ nach Frankreich _____. (fahren)
c ○ _____ du schon einmal Schnecken _____? (essen)
  ◆ Nein, noch nie.
d ○ Wann _____ du gestern nach Hause _____? (kommen)
  ◆ Um zehn.

von 9

**3** GRAMMATIK   Ergänze die richtigen Formen von *euer* oder *unser*.

a ○ Das ist nicht (unser) _unsere_ Katze. Ich glaube, das ist (euer) _____ Katze.
b ○ Ist das (euer) _____ Auto?  ◆ Nein, (unser) _____ Auto ist rot, nicht blau.
c ○ (unser) _____ Fahrräder sind kaputt. Sind (euer) _____ Fahrräder okay? Können wir sie nehmen?

von 5

**4** GRAMMATIK   Ergänze die richtigen Pronomen im Akkusativ.

a Hanna hat nächste Woche Geburtstag. Hast du schon ein Geschenk für (Hanna) _sie_ ?
b Hast du Tims Handynummer? Ich möchte (Tim) _____ anrufen.
c Emma und Leon wohnen jetzt in Wien. Ich möchte (Emma und Leon) _____ am Wochenende besuchen.
d Merle und ich machen gemeinsam Musik. Das ist das erste Mal für (Merle und mich) _____.
e Die Post war da, Ben! Ich glaube, da ist ein Brief für (Ben) _____.
f Anna und Lea, ich habe ein Geschenk für (Anna und Lea) _____!

von 5

**5** GRAMMATIK   Ergänze die richtigen Pronomen im Dativ.

a Jonas sieht gerne Sportsendungen. Fußball gefällt (Jonas) _ihm_ besonders gut.
b ○ Warum gefällt (Lea) _____ dein T-Shirt nicht, Lea?  ◆ Warum? (Ich) _____ gefällt es doch gut.
c Jan und Tim wollen bei „Südseepirat" nicht mitspielen. Abenteuerspiele gefallen (Jan und Tim) _____ nicht.
d Welche Musik gefällt _____, Anna und Vicky?
e Emma und ich sehen am Samstag ein Basketballspiel. (Emma und ich) _____ gefällt Basketball.

von 5

154   einhundertvierundfünfzig

# 11+12 TEST

PUNKTE

**6** GRAMMATIK  Ergänze die Nomen mit den richtigen Artikeln.

(an) Chiemsee ★ (an) Meer ★ (in) Schweiz ★ (in) Supermarkt ★ (in) Berge

G

a  Jonas fährt mit seiner Familie nach Italien _ans Meer_.
b  Mia fährt mit ihrer Freundin _____. Dort will sie wandern.
c  Herr Berger fährt mit seiner Frau _____. Sie wollen baden.
d  Juan fährt _____. Er besucht seine Cousine in Zürich.
e  Komm doch mit _____. Wir müssen für die Party einkaufen.

von 4

**7** GRAMMATIK  Ergänze die richtige Form von *welch-* und ordne die Antworten zu.

a  ○ _Welches_ Computerspiel gefällt dir?  ◆ Deutsch und Englisch.
b  ○ _____ Tag ist heute?  ◆ Rock.
c  ○ _____ Musik magst du?  ◆ Das kleine weiße.
d  ○ _____ Fächer magst du besonders gern?  ◆ Ich mag „Double Dunk".
e  ○ _____ Regal möchtest du für dein Zimmer?  ◆ Samstag.

von 4

**8** WORTSCHATZ  Schreib die Namen für Zimmer und Möbel. Schreib den Artikel und den Plural.

W

a  ü c   _die Küche (-n)_   e  o i   t t  _____
b  r a  k  _____   f  B _____
c  l  r _____   g  e  a _____
d  o _____   h  u s _____

von 14

**9** ALLTAGSSPRACHE  Ergänze.

doch ★ _leider_ ★ ist dir das Spiel egal ★ das ist sehr schade ★
ich habe wirklich keine Zeit ★ vergiss nicht

A

a  ○ Ich kann _leider_ nicht zu deiner Party kommen.  ◆ _____.
b  ○ _____, um drei ist deine Gitarrenstunde.
   ◆ Das vergesse ich sicher nicht.
c  ○ Tim ist sicher nicht musikalisch.
   ◆ _____, er spielt sogar in einer Band.
d  ○ Wir treffen uns bei Sarah, kommst du auch?  ◆ Nein, _____.
e  ○ Ich komme morgen nicht zum Training.  ◆ Warum nicht? _____?

von 5

| G | W | A | Wie gut bist du schon? |
|---|---|---|---|
| 30–39 | 13–14 | 5 | ☺ Sehr gut! |
| 21–29 | 8–12 | 3–4 | ☺ Okay! |
| 0–20 | 0–7 | 0–2 | ☹ Na ja. Das übe ich noch. |

einhundertfünfundfünfzig  155

# LÖSUNGEN TESTS

## 1 + 2 | TEST

**GRAMMATIK**

1. **a** bin  **b** ist, ist  **c** ist, ist  **d** seid, sind

2. **a** heißt, heiße  **b** kommt, kommst, komme  **c** schreibt, steht  **d** Kennst, ist

3. **b** Woher  **c** Wer  **d** Was  **e** Wo  **f** Was

**WORTSCHATZ**

4. **b** 20  **c** 11  **d** 45  **e** 54  **f** 100  **g** 96  **h** 73

5. **b** der Bleistift  **c** der Stuhl  **d** das Papier  **e** das Heft  **f** der Radiergummi  **g** die Lampe  **h** der Kugelschreiber

6. 2 das Fahrrad  3 die Briefmarke  4 das Schiff  5 der Fluss  6 der Zug  7 die Blume  8 das Auto

7. ein Fahrrad, Schiff, Fluss, Zug, Auto
   eine Briefmarke, Blume

**ALLTAGSSPRACHE**

8. **b** das weiß ich nicht.  **c** Das weiß ich.  **d** Die Frau kenne ich.  **e** Das ist doch nicht  **f** Nein, das ist nicht dein

## 3 + 4 | TEST

**GRAMMATIK**

1. **a** habe  **b** Magst, mag  **c** habt, haben  **d** Mögt, mögen

2. **a** Meine  **b** ihr  **c** ihr  **d** seine  **e** seine

3. **b** nicht  **c** keine  **d** kein  **e** keine  **f** nicht

**WORTSCHATZ**

4. **a** langweilig  **b** schlecht  **c** alt  **d** teuer  **e** klein

5. 
| Familie | Gegenstände |
|---|---|
| Großmutter | Papier |
| Tante | Fenster |
| Vater | Bleistift |
| Cousin | Buch |

| Zahlen | Berufe |
|---|---|
| tausend | Schauspieler |
| fünfzig | Sängerin |
| fünfzehn | Ingenieur |
| neun | Ärztin |

6. Beispiellösung:
   -(e)n: Tanten  -e/¨e: Bleistifte
   -er/¨er: Bücher  -s: Cousins

7. Beispiellösung:
   **der**: Vater, Schauspieler, Ingenieur
   **das**: Fenster, Buch
   **die**: Großmutter, Sängerin, Ärztin

**ALLTAGSSPRACHE**

8. **b** Ja klar  **c** Rate doch mal!  **d** Mittwoch geht.  **e** Wie geht's?  **f** Wieder falsch.

## 5 + 6 | TEST

**GRAMMATIK**

1. **b** Sprichst  **c** nimmst, nehme  **d** Isst  **e** Esst

2. **a** einen  **b** einen  **c** ein, einen  **d** eine, einen

3. **b** kann Rad fahren, kann nicht schwimmen  **c** können nicht singen, können tanzen

4. **b** Schreib eine Nachricht. Schreibt eine Nachricht.  **c** Ergänze die Sätze. Ergänzt die Sätze.  **d** Üb den Dialog. Übt den Dialog.

**WORTSCHATZ**

5. **Speisen**: Käse, Wurst, Brot, Hähnchen
   **Getränke**: Milch, Tee, Orangensaft

6. **b** Italienisch  **c** Türkisch  **d** Englisch  **e** Griechisch  **f** Deutsch

7. **b** Deutsch  **c** Musik  **d** Sport  **e** Erdkunde  **f** Biologie  **g** Geschichte

**ALLTAGSSPRACHE**

8. **b** Vielleicht.  **c** Das macht  **d** Das gibt's doch nicht!  **e** Was nehme ich nur?  **f** Warum nicht?

156 einhundertsechsundfünfzig

# LÖSUNGEN TESTS

## 7 + 8 | TEST

### GRAMMATIK

1. **b** sein  **c** ihren  **d** seine  **e** ihre  **f** seine

2. **b** wollen eine Pizza essen
   **c** will gute Noten haben
   **d** will Klavier lernen
   **e** will Rettungsschwimmer werden

3. **a** Ihre  **b** dein  **c** deine
   **d** Kommen Sie  **e** Nehmt ihr

4. **b** will, muss  **c** willst  **d** darf
   **e** kann  **f** dürfen

5. **b** Kommst ... mit  **c** steige ... aus
   **d** fängt ... an  **e** rufe ... an

### WORTSCHATZ

6. **b** rot  **c** grau  **d** grün  **e** gelb  **f** lila

7. **b** hungrig  **c** traurig  **d** glücklich
   **e** müde  **f** durstig

8. **b** Viertel nach zwei  **c** 22:55 Uhr  **d** 06:25 Uhr
   **e** Viertel vor sechs  **f** zehn nach sieben

### ALLTAGSSPRACHE

9. **b** Entschuldigen Sie  **c** Komm doch mit
   **d** Einen Moment bitte  **e** Ist jetzt alles in Ordnung
   **f** echt toll

## 9 + 10 | TEST

### GRAMMATIK

1. **a** dem  **b** dem  **c** beim  **d** einem, einer
   **e** den  **f** der, dem

2. **a** Wo  **b** Woher  **c** Wohin  **d** Wo

3. **b** nach  **c** zur  **d** zum
   **e** vom, zur  **f** nach

4. warst, hatte, hatten, war, waren, wart, war

5. **b** vierundzwanzigsten zwölften
   **c** dreißigsten dritten
   **d** elfte neunte

### WORTSCHATZ

6. **b** der Flughafen  **c** die Haltestelle  **d** das Hotel
   **e** der Bahnhof  **f** das Krankenhaus

7. **Monate:** März, April, Dezember
   **Jahreszeiten:** Frühling, Sommer, Herbst, Winter

8. **b** das Bein, die Beine  **c** die Hand, die Hände
   **d** der Bauch, die Bäuche  **e** der Finger, die Finger
   **f** der Hals, die Hälse  **g** der Rücken, die Rücken
   **h** die Brust, die Brüste

### ALLTAGSSPRACHE

9. **b** Gern geschehen  **c** Achtung
   **d** Das stimmt sicher nicht
   **e** wie kommen wir  **f** es gibt

## 11 + 12 | TEST

### GRAMMATIK

1. **b** Du lernst.  **c** Er schläft.
   **d** Wir haben gesprochen.  **e** Ihr habt getrunken.
   **f** Ich habe gehört.  **g** Sie schwimmt.
   **h** Sie haben gelesen.

2. **a** gemacht, habe ... geschrieben
   **b** sind ... gefahren  **c** Hast ... gegessen
   **d** bist ... gekommen

3. **a** eure  **b** euer, unser  **c** unsere, eure

4. **b** ihn  **c** sie  **d** uns  **e** dich  **f** euch

5. **b** dir, Mir  **c** ihnen  **d** euch  **e** Uns

6. **b** in die Berge  **c** an den Chiemsee
   **d** in die Schweiz  **e** in den Supermarkt

7. **b** Welcher, Samstag.  **c** Welche, Rock.
   **d** Welche, Deutsch und Englisch.
   **e** Welches, Das kleine weiße.

### WORTSCHATZ

8. **b** der Schrank (¨-e)  **c** der Flur (-e)
   **d** das Sofa (-s)  **e** die Toilette (-n)
   **f** das Bett (-en)  **g** das Regal (-e)
   **h** die Dusche (-n)

### ALLTAGSSPRACHE

9. **a** Das ist sehr schade  **b** Vergiss nicht
   **c** Doch  **d** ich habe wirklich keine Zeit
   **e** Ist dir das Spiel egal

einhundertsiebenundfünfzig  157

# QUELLENVERZEICHNIS

Cover beide Fotos © Getty Images/iStock/Khosrork
S. 8: alle © Getty Images/iStock/Damir Cudic
S. 9: Ü4: 1 © Vic – stock.adobe.com; 2 © Silvio – stock.adobe.com; 3 © Getty Images/iStock/erlucho; 4 © laufer – stock.adobe.com; 5 © Getty Images/iStock/raclro; 6 © Getty Images/iStock/tomograf
S. 11: © Getty Images/iStock/Serhii Brovko
S. 13: Ü16 © Thinkstock/iStock/GeorgiosArt
S. 15: Anna © Thinkstock/Wavebreakmedia Ltd; Markus © Getty Images/iStock/İsmail Çiydem; Julia © Getty Images/iStock/GrapeImages
S. 16: Deutschland © fotolia/3D Designer; Polen © Getty Images/iStock/Bastian Gnuechwitz – GreenOptix; Spanien © Getty Images/iStock/Anastasiia_M; Schweden © Getty Images/iStock/RM80; Briefmarke © Getty Images/iStock/raclro; Schweiz © Thinkstock/Wavebreak Media; international © Getty Images/iStock/PHOTOMORPHIC PTE. LTD
S. 20: 1 © irisblende.de; 2 © Getty Images/iStock/Eplisterra; 3 © Getty Images/iStock/wektorygrafika; 4 © iStock/domnicky; 5 © iStock/gridcaha; 6 © Getty Images/iStock/wabeno
S. 22: Büroklammer © Getty Images/iStock/kolotuschenko
S. 24: Büroklammer © Getty Images/iStock/kolotuschenko
S. 25: Schüler © PantherMedia/Anna-Katharina Steinhardt
S. 26: Zeichnen © Getty Images/iStock/underworld111; Gegenstände: 1. Reihe von links: © Getty Images/iStock/wektorygrafika; © Getty Images/E+/Zocha_K; © irisblende.de; © Yolanda Van Niekerk/123rf.com; 2. Reihe von links: © Thinkstock/Hemera/Simon Krzic; © iStock/gridcaha; © Thinkstock/Stockbyte/Comstock; © Getty Images/iStock/wabeno; 3. Reihe von links: © Getty Images/iStock/Eplisterra; © fotolia/Bjoern Wylezich; © iStock/domnicky
S. 27: Sportlerin © Getty Images/iStock/4x6; Musiker © Getty Images/iStock/seb_ra
S. 30: Ü1: links © Getty Images/iStock/Mike Watson Images; rechts © Getty Images/iStock/Chachawal Prapai
S. 34: oben © Getty Images/E+/FreshSplash; unten © Getty Images/iStock/Denkou Images GmbH
S. 37: Nachricht 1: a © Getty Images/iStock/Linda Raymond; b © Getty Images/E+/PixelCatchers; c © Getty Images/iStock/Igor Alecsander; Nachricht 3: a © Getty Images/iStock/Ruslan Ropat; b © wittayayut – stock.adobe.com; c © Thinkstock/.shock
S. 38: tauchen © Getty Images/iStock/Vladimir Piskunov; Schach © iStockphoto/bluestocking; Kalender © magann – stock.adobe.com; Geld © Getty Images/iStock/freelancer
S. 39: Fuß © ChristianSchwier – stock.adobe.com; Müll © Getty Images/iStock/Urs Siedentop; Kino © Getty Images/iStock/petrzurek; Basketball © Getty Images/iStock/SrdjanPavlovic
S: 41: Ü6 © cagridata – stock.adobe.com
S. 43: Ü12 © Getty Images/iStock/stephanie phillips
S. 44: Ü16 © Getty Images/iStock/Westend61/Uwe Umstätter
S. 46: Martin © Getty Images/E+/LeoPatrizi; Sandra © Getty Images/iStock/Rike_
S. 47: Ü26 © Getty Images/iStock/Izabela Habur
S. 48: Familie © mimagephotos – stock.adobe.com
S. 49: Katze © Getty Images/iStock/Anastasiia Skorobogatova; Löwe © Thinkstock/iStock/GlobalP; Motorrad © Thinkstock/iStock/AlexVarlakov; Zeitschriften © Getty Images/iStock/Franz-W. Franzelin
S. 50: Hund © fotolia/Petra Eckerl
S. 52: Ü1 © Getty Images/iStock/cloverphoto; Ü2: 1. Reihe von links: © Thinkstock/iStock/fabioderby; © iStock/JPecha; © Getty Images/iStock/ruzanna; © Anton Starikov/123rf.com; 2. Reihe von links: © Getty Images/iStock/Magone; © Getty Images/iStock/CaroleGomez; © Thinkstock/iStock/Evgeny Tomeev; © Getty Images/iStock/jiangjunyan; 3. Reihe von links: © Getty Images/iStock/NightAndDayImages; © PantherMedia/Sergey Sklezneu; © Thinkstock/iStockphoto/Alena Dvorakova; © Getty Images/iStock/Marat Musabirov; 4. Reihe von links: © Thinkstock/iStock/ValentynVolkov; © Getty Images/iStock/Friday909; © euthymia – stock.adobe.com; © Thinkstock/iStock/Madllen
S. 54: Ü6 © Getty Images/iStock/Dar1930
S. 57: Tafel © Getty Images/iStock/Sonya_illustration
S. 58: A © Getty Images/iStock/nitrub; B © Getty Images/iStock/WDnet; C © Getty Images/iStock/Okea; D © iStock/Michael Valdez; E © Thinkstock/iStockphoto; F © PantherMedia/Doris Heinrichs
S. 59: Spaghetti © Thinkstock/iStock/IngaNielsen; Würstchen © Getty Images/iStock/Richard Villalon
S. 60: Welt © Getty Images/iStock/Fourleaflover; Essen 1: 1. Reihe von links: © Thinkstock/iStockphoto/Alena Dvorakova; © Getty Images/iStock/jiangjunyan; © Getty Images/iStock/Marat Musabirov; © euthymia – stock.adobe.com; 2. Reihe von links: © PantherMedia/Sergey Sklezneu; © Getty Images/iStock/Magone; © Thinkstock/iStock/Evgeny Tomeev; © Thinkstock/iStock/fabioderby; 3. Reihe von links: © Getty Images/iStock/ruzanna; © Thinkstock/iStock/ValentynVolkov; © Thinkstock/iStock/Madllen; Getränke von links: © iStock/JPecha; © Getty Images/iStock/CaroleGomez; © Anton Starikov/123rf.com; © Getty Images/iStock/Friday909
S. 61: Sprachen von links: © Getty Images/DigitalVision Vectors/peeterv; © Getty Images/iStock/Anastasiia_M; © Getty Images/iStock/Bastian Gnuechwitz – GreenOptix; © Thinkstock/iStock/BruceStanfield; © Thinkstock/Wavebreak Media; © Thinkstock/iStock/bodrumsurf; Euro © fotolia/askaja; Teller © Getty Images/iStock/Andrey Elkin; Suppe © Getty Images/iStock/etienne voss
S. 62: Ü1: oben © Getty Images/iStock/Alexander Hafemann; unten © Getty Images/iStock/Moisejkov
S. 67: © Africa Studio – stock.adobe.com
S. 70: Sven © spass – stock.adobe.com; Lara © Getty Images/iStock/technotr; Leonard © marianfil – stock.adobe.com; Felicitas © Getty Images/E+/Petko Ninov
S. 72: Weltkarte Kontinente © fotolia/Bastian Gnuechwitz
S. 73: Kreuzworträtsel © Panthermedia.net; Meer © fotolia/Michael Neuhauß; Berg © Getty Images/E+/fotoVoyager
S. 77: Ü1 © Claudia Weinmann / Alamy Stock Foto
S. 79: Fotos von oben: © Getty Images/iStock/Chachawal Prapai; © Getty Images/E+/Lorado; © Getty Images/iStock/AntonioGuillem
S. 80: © Getty Images/iStock/fizkes
S. 83: Ü20 © Getty Images/E+/RichLegg
S. 86: © EFStock – stock.adobe.com
S. 87: Porträt © Getty Images/E+/imamember; Karte © Getty Images/iStock/ii-graphics
S. 88: Farbe © JLO-DESIGN – stock.adobe.com; Logo „Ärzte ohne Grenzen" © ÄRZTE OHNE GRENZEN e.V. – Médecins Sans Frontières Deutschland
S. 93: Ü12 © sebra – stock.adobe.com
S. 95: Ü19 © Stills Press / Alamy Stock Foto
S. 96: Conny © Getty Images/E+/martin-dm
S. 98: DVDs © Getty Images/iStock/Erich Karnberger
S. 99: Ü29 © Getty Images/iStock/PeopleImages
S. 100: Fernsehsendungen von links: © Getty Images/DigitalVision Vectors/kbeis; © Getty Images/iStock/susaro; © Getty Images/iStock/Irina Cheremisinova; © Shutterstck/Unitone Vector
S. 104: von oben: © Getty Images/iStock/Givaga; © Getty Images/iStock/dabldy; © Getty Images/iStock/aluxum
S. 108: Ü14 © Getty Images/E+/GCShutter
S. 109: oben: links © Getty Images/E+/VioletaStoimenova; rechts © Getty Images/iStock/NickyLloyd; unten: links © Getty Images/E+/HRAUN; rechts © Getty Images/E+/Juanmonino
S. 112: oben © ralex – stock.adobe.com; unten © Getty Images/iStock/Brzozowska
S. 114: Weltkarte © Getty Images/DigitalVision Vectors/bombuscreative
S. 116: Ü1 © Fabian – stock.adobe.com
S. 117: Ü3: A © Getty Images/iStock/seb_ra; B © Anton – stock.adobe.com; C © sakura – stock.adobe.com; D © Krakenimages.com – stock.adobe.com; E © gallofilm – stock.adobe.com; F © Ljupco Smokouski – stock.adobe.com
S. 119: © Getty Images/iStock/Daisy-Daisy
S. 124: Marie2 © Getty Images/iStock/Julialine; Hippo © Getty Images/E+/kate_sept2004
S. 125: Johannes © Getty Images/E+/rvimages
S. 126: der Körper © Georgii – stock.adobe.com; drücken: Alexander Sascha Keller, München
S. 127: Ostern © drubig-photo – stock.adobe.com; Weihnachten © Getty Images/iStock/golero
S. 128: © triocean – stock.adobe.com
S. 130: Kornkreise © DedMityay – stock.adobe.com; Mann © Getty Images/iStock/Goads Agency
S. 145: © Getty Images/iStock/Daniel de la Hoz
S. 148: © Getty Images/E+/Kerkez
S. 151: A, D: Jörg Saupe, Düsseldorf; B © Getty Images/iStock/urfinguss; C © Getty Images/DigitalVision Vectors/AlexvandeHoef; E © MclittleStock – stock.adobe.com; F, H: Zacharias Papadopoulos, Athen; G © Getty Images/iStock/Irina Cheremisinova; I, L: Gisela Specht, Weßling; J © Thinkstock/iStock/Alexander Bedrin; M © Getty Images/iStock/xxmmxx; Ü32 © Thinkstock/iStock/monkeybusinessimages

Weitere Bildangaben:
S. 95: 25.01.2020 – London, England, UK – Tom Holland besucht Dolittle Special Film Screening, Cineworld Leicester Square

**Ganzes Buch:** kariertes Papier © Getty Images/iStock/TARIK KIZILKAYA
**Illustrationen:** Beate Fahrnländer, Lörrach
**Produktionsfotos:** Alexander Sascha Keller, München
**Bildredaktion:** Nina Metzger, Hueber Verlag, München

**Inhalt der Hörtexte zum Buch:**
© 2022 Hueber Verlag GmbH & Co. KG, München, Deutschland
Alle Urheber- und Leistungsschutzrechte vorbehalten.
Sprecherinnen und Sprecher: Ben Cramer, Peter Frerich, Manuel Scheuernstuhl, Peter Veit, Dascha von Waberer, Lilith von Waberer, Lara Wurmer, u.a.
Produktion: Atrium Studio Medienproduktion GmbH, München

# PLATZ FÜR GUTE IDEEN!

# PLATZ FÜR GUTE IDEEN!